이기는 독서

이기는 독서

초판1쇄 인쇄　2017년 6월 10일
초판1쇄 발행　2017년 6월 15일

지은이　김슬기
펴낸곳　생각너머

기획경영총괄　박서
책임편집　김정웅
디자인　롬디
종이　상산페이퍼
인쇄제본　천일문화사
배본　책글터

등록번호　제313-2012-191호
등록일자　2012년 3월 19일
주소　경기도 파주시 월롱면 검바위길 177
전화　070-4706-1382
팩스　02-6499-1383

ISBN　978-89-98440-14-5 (03190)

한 페이지에 한 걸음씩,
삶을 앞으로 나아가게 하는
————'독서의 힘'————

이기는
독 서

김슬기 지음

생각나눔

CONTENTS

2장

인생을 리드하는
0.1% 사람들의 비밀

3장

좁고 깊게 그리고
넓고 얇게 읽는 법

4장

쉽게 읽고 즉시 적용하는
상황별 독서

5장

지금까지 당신이 알고 있는 독서공식을 뒤집어라

1장

인생의 차이를 만드는
독서는 다르다

나의 독서,
어디서부터
잘못된 걸까?

어린 시절, 나는 책을 많이 읽지 않았다. 나의 방에는 책꽂이가 있었다. 황토색의 4단 책꽂이에는 과학책과 위인전, 동화책 등이 꽂혀 있었다. 넉넉지 않은 가정 형편에도 불구하고 엄마는 비싼 전집류의 책들을 사주셨다. 책을 읽으라고 강요하지는 않으셨지만 독서하기를 바라는 부모의 마음이셨을 것이다. 그러나 그 책들은 내 흥미를 끌지 못했다. 대신 당시 유행하던 하이틴 소설이나 책 대여점에서 빌려온 소설책들을 즐겨 읽었다. 읽기 쉬웠고, 내용도 재미있었기 때문이다. 초등학교를 다닐 때는 매달 포스터, 시화, 독후감, 글짓기 등을 제출해야 했다. 숙제를 할 요량으로 한두 권의 책을 읽고 독후감을 써낸 정도가 책 읽기의 전부였다. 지정된 책들을 읽고 글을 쓰는 일이 왜 그리 싫었는지 그 숙제만 아니면 책을 재밌게 읽을 수 있겠다고 생각했다. 그렇게 초등학교 시절엔 자의 반 타의 반으로 책을 읽었다. 중고등학교 시절엔 책을 읽을 겨를이 없었다. 학교 수업이 끝나면 학원에 가서 공부하고 집에 와서 숙제를 하면 하루가 다 지나갔다. 그나마 읽던 책은 공부에 대한 욕심이 생기기 시작하면서 교과서와 문제집으로 대체되었다. 읽은 책이라고는 동아리 활동을 위한 과학책과 기분 전환을 위한 소설책이 전부였다.

그러던 내가 책을 즐기게 된 것은 대학에 들어가면서부터였다. 우리 집은 인천, 학교는 서울 성북구에 있었다. 지하철과 버스로 2시간이 걸렸다. 나는 이 시간을 활용해야겠다는 생각이 들었고 책을 읽기 시작했다. 마땅히 관심 있던 분야는 없었기에 흥미 위주의 책과 베스트셀러들을 읽었다. 대학에서 만난 친구가 소설을 좋아해서 친구를 따라 해외 작가들의 소설도 많이 읽었다. 1학년 교양 수업에 '독서와 토론'이라는 과목이 있어 여러 책을 접하기도 했다. 이런 이유들로 스무 살, 나는 책에 마음을 쏟았다. 출근 시간의 지옥철을 벗어나기 위해 이른 아침 집을 나섰고 조용한 새벽 지하철에서 매일 책을 읽었다. 통학 시간만으로도 한 달에 5권 정도는 꾸준히 읽을 수 있었다. 집으로 돌아오는 지하철에는 사람이 많아서 책을 들고 서 있을 틈이 없었지만 그래도 책은 손에서 놓지 않았다.

처음엔 무작정 읽었다. 끌리는 제목의 책도 보고, 읽다가 좋아하는 작가가 생기면 그 작가의 전작을 찾아 읽기도 했다. 어떤 책을 읽는 것이 좋을지 몰라 추천 리스트 목록에서 골라 읽기도 했다. 친구가 좋다고 추천해주는 책도 읽고, 때마다 관심이 생기는 분야의 책도 읽었다. 영어 공부가 필요하면 영어 관련 책을 읽었고, 멋진 삶을 꿈꾸며 자기계발서도 읽었다. 어렵지만 고전 읽기에도 도전했다. 1년 100권 읽기 프로젝트도 해보고 독서 노트도 작성하며 나름대로 열심히 읽었다. 읽을수록 책이 좋아지고, 책을 읽지 않으면 허전한 느낌이 들었다. 직장에 다닐 때도 늘 서울로 출퇴근을 했기 때문에 독서 시간은 확보된 셈이었다. 출퇴근 시간을 이용해 꾸준히 책을 읽었고, 그렇게 오랜 시간 동안 책을 읽었다.

그런데 어느 순간 나의 독서에 의문이 생기기 시작했다. 읽고 난 후에는 마음이 설레지만 이상하게 머릿속에 남는 게 없었다. 시간이 흘러 그 책을 떠올리면 '좋았다/별로였다'라는 느낌 말고는 잘 떠오르지 않았다. 심지어는 읽었는지조차 헷갈린 적도 있었다. 그제야 나의 독서에 심각한 문제가 있음을 깨달았다. 그동안 독서를 하고 있는 내 모습에 대한 만족감, 읽은 책의 권수가 많아진다는 뿌듯함 외에는 기억 속에 남는 것도 없었고, 삶이 변하지도 않았다. 시간과 성취를 중요하게 생각했던 나는 독서를 할 때도 과정보다 결과를 중요시했다. 책 한 권을 더 읽어서 읽은 책의 권수를 늘리는 것이 좋았고 이런 책도 읽어보았다는 만족감에 스스로 위안을 삼기도 했다. 지적인 욕심을 채우는 데에만 급급했다. 좋은 내용이 있으면 밑줄 치고 나의 생각과 느낌을 메모하며 읽었지만 깊이 생각하지 않았다. 책을 덮는 순간 그 책에 대한 모든 것은 잊혀졌다.

늘 하던 독서가 어렵게 다가왔다. 세상에 나온 독서 관련 책을 보면 누구는 하루에 다섯 권을 읽고, 누구는 이미 수천 권을 읽었단다. 다른 누구는 책을 읽고 자신을 찾았으며 인생이 바뀌었다고 한다. '나도 열심히 많은 책을 읽었는데 왜 그런 변화가 없을까? 나는 왜 하루에 여러 권을 읽지 못할까? 내 인생은 왜 그대로일까? 정말 독서가 효과가 있는 것일까?' 많은 책을 읽었지만 결과에 대한 불신은 커져만 갔다. 그리고 독서로 인생이 바뀌는 것은 남의 이야기라 결론 내렸고 이런 생각 때문에 독서에 자신감을 잃었다. 독서 슬럼프에 빠진 나는 한동안 책 읽는 것을 게을리했다. 책을 읽어도 나의 삶은 그대로인데 무조건 읽기만 하는 게 의미가 있을까? 그렇게 답답한 마음으로 책을 건성건성 읽었다.

시간은 흘렀고, 결혼과 임신, 출산이라는 인생의 고개들을 넘었다. 아이를 낳고 가끔씩 우울함이 몰려왔다. 아이가 예쁘지만 아직 아무런 소통도 할 수 없는 아이를 보며 나는 점점 지치고 외로워졌다. 기분이 좋았다가 힘들었다가를 반복했다. 이게 산후우울증이구나 싶었다. 아이를 사랑했지만 엄마로서 처음 맞는 생활은 힘들었다. 나는 점점 나를 잃어갔고, 나는 왜 존재하는가에 대한 근본적인 질문이 내게서 떠나지 않았다. 아이를 낳은 후에는 책을 읽을 시간이 없었다. 임신한 사실을 알고부터 육아서를 읽었고 잠깐 시간이 나더라도 육아 책만 들춰 볼 뿐 나를 위한 독서는 할 수 없었다.

나만의 시간을 갖지 못하는 것에 대한 아쉬움과 내 삶을 찾고 싶다는 간절한 마음이 들었다. 그와 함께 책에 대한 그리움이 찾아왔다. 책을 좋아했지만 시간의 공백이 있었기에 다시 책을 집어 드는 일은 쉽지 않았다. 그럼에도 불구하고 이대로 시간이 흐르면 나중에 후회할 것 같다는 마음이 들었다. 나의 의지는 책 읽기를 선택했고 책에서 길을 찾기로 했다. 책을 읽고도 변한 게 없다고 투덜거리며 잠시 주춤했지만 평생 책을 읽지 않을 수는 없었다. 다시 시작할 거라면 제대로 하자고 생각했다. 그리고 책을 꺼내 읽기 시작하며 그동안 독서를 하면서 무엇을 놓치고 있었는지 문제점을 파악했다. 그렇게 다시 시작한 나의 책 읽기는 '내 인생을 위한' 책 읽기가 되었다.

나의 책 읽기는 어디서부터 잘못되었을까? 우선 나의 책 읽기에는 두 가지가 없었다. 바로 목표와 실천이었다. 나는 취미로 독서를 했다. 이력서나 자기소개서에도 취미는 고민 없이 독서라고 적었다. 즐기기 위한 것이니 재미를 위한 편한 독서를 했다. 시간이 나면 읽고 시간이 없으면 우선순위에서 밀어내거나 읽지 않는 것을 선택했다. 당연히 책을 읽는 분명한 목표도 없었다. 전문적인 지식을 얻으려 하지도 않았으며 스스로의 만족만 채울 뿐이었다. 독서 실력이 길러지지도 않았고, 배우고 깨닫고 성장한다는 성취감도 느끼지 못했다. 마치 무료할 때 시간을 보내기 위해 아무 생각 없이 TV를 돌려보는 습관과도 같았다.

다른 한 가지 문제는 실천에 있었다. 책만 읽었지 실천할 줄을 몰랐다. 그것은 '나 자신'에 대한 불신과 낮은 자존감, 그리고 책의 효용성에 대한 믿음의 부재로부터 시작되었다. 우리는 책을 읽으며 항상 자신의 한계를 인식한다. '나는 책과 거리가 멀어, 이 저자는 시작부터 나랑 다르네, 대단한 사람이네, 나는 너무 바빠서 이렇게 할 수 없어.'와 같은 생각을 한다. 저자의 지식과 노하우를 배우고 싶어하지만 저자처럼 될 수 있을까 하는 의심부터 품게 된다. 그리고 할 수 없다는 생각에 스스로를 가둔다. 나 역시 그랬다. 좋은 책을 읽고 생각과 행동이 변하기도 했지만 그것도 잠시였다. 며칠이 지나면 잊고 다시 영감을 얻기 위해 새 책을 찾았다. 독서로 꿈을 찾고 성공할 것이라고는 단 한 번도 생각한 적이 없었다. 책을 읽어도 삶에 적용하고 실천하지 않았다. 정확히 말하면 결단과 실천은 대부분 작심삼일로 끝났다. 의심을 바탕으로 한 실천이 잘될 리 없었다.

치열한 고민 끝에 취미가 아닌 '내 인생'을 위한 독서로 방향을 바꾸었다. 책으로 내 삶을 바꿔보리라는 결단과 실천을 통해 새로운 차원의 독서를 시작했다. 읽던 책의 종류도 바꾸고 독서법도 바꿨다. 독서하는 방법을 바꾸니 독서의 질이 달라졌다. 책을 덮으면 기억에 남지 않았던 내용들이 이제는 머릿속에 정리되어 떠올랐다. 목표 없이 마구잡이로 읽던 책 읽기는 전략적이고 목적이 분명한 책 읽기로 바뀌었다. 생각에만 머물렀던 실천 사항들은 삶의 지침이 되어 인생의 방향을 제대로 잡아주었다. 단순히 흥미로 읽고 지식만 쌓던 독서는 내 안에 역동성을 발휘하게 했다. 그 힘 덕분에 평범한 주부였던 나는 새로운 목표를 갖게 되었고, 책도 쓰게 되었다. 별 힘 없어 보이던 독서는 나를 책의 저자로 만들어 주는 놀라운 힘을 보여 주었다. 이 모든 과정의 핵심은 분명한 목적과 적극적인 실천이었다.

언제부터인가 독서는 당연히 해야 하는 것에서 해도 괜찮고 하지 않아도 무방한 것처럼 여겨지고 있다. 그러나 인생을 풍성하고 가치 있게 만들기 위해서 독서는 반드시 필요하다. 안타깝게도 많은 사람들의 독서 모습이 예전의 나와 크게 다르지 않을 것이라 생각한다. 시간이 없다는 핑계로 독서를 하지 않고 책 읽기에 흥미를 가지지 못하며 시간을 투자하지도 않는다. 독서에 별다른 기대도 없고 목표도 없다. 열심히 읽어도 삶에 변화가 없다. 우리는 이제 중요한 질문을 해야 한다. 지금 나의 독서는 어떠한가? 책을 읽고 있지만 슬럼프에 빠지지는 않았나? 별다른 목적 없이 읽고 있었다면, 그렇다면 지금이 당신의 독서를 돌아보아야 할 때다. 책 읽는 우리의 삶은 왜 계속 제자리일까?

책 읽는 당신이
계속 제자리걸음인
이유

사람들은 누구나 시간이 흐를수록 자신이 성장하기를 기대한다. 학창 시절에는 스무 살만 되면 수능의 고비를 넘긴 어엿한 대학생이 되어 캠퍼스와 내 세상을 누리게 될 거라 생각했다. 하지만 스무 살이 되자 토익과 전공 공부로 다른 것을 돌아볼 여유가 없었다. 서른이 되면 '이립而立'이라는 말처럼 무언가를 이루고 스스로 설 수 있을 거라 기대했다. 그러나 서른에 아무것도 이루어 놓은 것이 없는 나를 보며 한탄했다. 그리고 이제 마흔을 바라본다. 내 나이 마흔에도 상태가 나아지지 않고 한자리에 계속 머무른다면? 생각만 해도 아찔하다. 지금과 별다를 바 없이 5년 후에도 똑같이 살아가기를 원하는 사람은 없을 것이다. 당신의 독서는 어떠한가? 5년 전에도, 1년 전에도, 지금도 변함없이 그대로는 아닌가? 5년 뒤에는 달라져 있을 것이라 생각하는가?

우리는 여러 가지 이유로 책을 읽는다. 새로운 지식과 정보를 얻기 위해서 읽고, 마음의 위로를 얻기 위해서 읽는다. 업무와 실생활에 도움을 받기 위해서, 교양과 인격 형성을 위해서, 즐기기 위해서, 시간을 보내기 위해서, 학업이나 취업을 위해서도 책을 읽는다. 그러나 열심히 읽은 만큼 우리의 삶이 달라져 있는가? 나도 책을 열심히 읽던 때에는 1년에 70~80권 정도 읽었다. 그렇게 몇 년을 읽다 보니 읽는 양은 많았지만 생각하고 정리하는 시간은 부족했다. 시간이 흐를수록 기억에 남는 건 없었다. 흥미 위주로 무조건 읽기만 했기 때문이다. 잠깐 도움이 될 수는 있었겠지만 돌아보면 성장하지 않았고 상황은 늘 제자리였다. 과거에도 그랬고 지금도 그렇다. 앞으로도 그럴 것이다. 왜 그럴까? 책 읽는 우리가 계속 제자리걸음인 세 가지 이유가 있다.

첫째, 흥미 위주의 독서만 한다. 독서도 재미를 느껴야 지속할 수 있는 게 사실이다. 그러나 흥미 위주의 책만 읽다 보면 우리의 뇌는 편안한 상태만 유지하게 되고 긴장감을 느끼지 못한다. 이러한 독서는 성장하는 독서로 이어지지 않는다. 스트레스가 전혀 없는 상태보다는 약간의 긴장감과 스트레스가 있는 상태가 건강에 더 유익한 것과 마찬가지다. 흥미 위주의 독서는 머리를 긴장시키지 않고 목표도 상실하게 되어 우리의 발전을 더디게 한다. 나는 마음을 위로하기 위해서 책을 읽기도 하고, 공부를 위해 읽기도 했다. 자기계발을 위해 읽기도 했다. 그러나 이 책을 읽으며 무엇을 얻어야겠다는 뚜렷한 목적은 없었다. 점점 흥미 위주의 잡식성 독서가 되었다. 많은 대학생이나 직장인들은 편중된 독서를 한다. 취업과 스펙을 위한 책을 읽고, 좀 더 나은 직장 생활을 위한 책을 읽는다. 이러한 독서만으로는 독서 실력을 키울 수 없다. 여러 책을 읽지만 체계 없이 읽고 이해하기 쉬운 책만 읽는다면 머리만 산만해질 뿐 진짜 실력은 늘지 않는다. 이해하기 쉽고 편한 책들로 시작하여 점차 어려운 책, 생각을 요하는 다양한 책을 읽어야 독서력이 길러지고 성장의 발판을 다질 수 있다.

둘째, 독서의 필요성에 대해 느끼지 못한다. 육아를 하며 내 인생이 없는 것 같을 때, 나를 잃어버렸다는 생각과 현재의 삶을 바꾸고 싶다는 마음이 간절할 때, 그때가 바로 책을 읽어야 할 때였다. 주변 친구들은 자리를 잡고 잘나가는 것 같은데 나만 혼자 도태되는 것 같아 낙심될 때, 그때가 책을 읽어야 할 때였다. 우리의 직장 생활과 가정, 인간관계, 미래는 지금 이대로 괜찮은가? 변화가 필요하다고 느낀다면 책이 필요한 순간이다. 책은 당신과 나의 미래를 꿈꾸게 해주는 조용하지만 강력한 수단이다. 가치로 따진다면 어떠한 자기계발과도 비교할 수 없을 만큼 깊고 넓게 우리의 삶을 변화시켜 줄 수 있다. 책을 통해 인생이 변한 사람은 생각보다 많다. 책에서도 확인할 수 있고 유튜브와 TV 강연에서도 찾을 수 있다. 우리도 그들 중의 한 명이 될 수 있고, 더 나은 사람이 될 수도 있다. 어떠한 이유로도 독서는 결코 당신에게 해가 되지 않는다. 지친 내게 독서가 필요했던 것처럼 말이다.

책 읽는 우리가 계속 제자리걸음인 마지막 이유는 독서 습관의 부재이다. 여기서 독서 습관이라 함은 단순히 책 읽는 습관을 말하는 것이 아니다. 책의 내용을 기억하고 내 것으로 만드는 일, 삶 속에 적용하는 일 모두를 포함한다. 나는 책을 읽고 나면 간단히 책 내용을 정리했다. 저자의 독서법, 공부법을 따라 하기도 하고 인터넷 카페에 가입하며 정보를 얻기도 했다. 나름의 방법으로 책 읽기 이후의 행동을 취했다. 그러나 지속적이지 못했고, 인내심의 부족으로 얼마 지나지 않아 그만두었다. 독후 활동의 중요성을 깨닫지 못했다. 읽는 것만 중요하다고 생각하고 읽기에만 시간을 투자했다. 저자가 전해주는 메시지만 받을 뿐 적극적으로 받아들이고 내 것으로 만들지 못했다. 읽기만 하는 바보로 살았던 나는 적용과 실천의 부재로 독서 슬럼프에 빠졌다. 꾸준한 과정을 통해 독서 습관을 들여야만 우리의 독서가 전진할 수 있다.

연애를 오래 했는데 관계가 더 이상 진전되지 않는 한 남녀가 있다면 이유가 뭘까? 여러 가지 문제가 있을 수 있다. 서로 바빠서 만나지 못하는 시간 동안 마음이 멀어졌을 수도 있고, 결혼에 대한 생각이 없거나 다를 수도 있다. 상대방에게 더 이상 관심이 없거나, 만남에 즐거움이 없는 경우도 있을 수 있다. 상대에 대한 아무런 기대없이 형식적인 커플로 만나는 경우도 있을 수 있다.

책과 나의 관계로 풀어보면 어떨까? 오랫동안 책을 읽어왔지만 발전이 없다면 무엇 때문인지 돌아보자. 오랫동안 만나지 못해 책에 대한 마음이 멀어지고 관심이 없어진 것일까? 책은 읽지만 책과의 만남에 즐거움이 없을 수도 있다. 책을 읽어야 하는 목표가 없거나 아무런 기대 없이 형식적으로 읽는 것일 수도 있다. 당신에게 해당되는 이유는 무엇인가?

우리는 많든 적든 책을 가까이하며 지냈다. 학창 시절엔 독후감도 제출하고 문학 수업도 받았다. 시집이 유행하던 때엔 시집 한권 사보지 않은 사람이 없을 정도였다. 시기별로 '소설', '자기계발', '고전', '인문' 등의 유행 카테고리가 있었다. 책이 유명해지면 저자의 노하우를 배울 수 있는 강연이 열리거나 카페나 모임이 생기기도 했다. 예전에는 지하철에서 책 읽는 사람을 발견하는 일이 밥 먹듯 쉬운 일이었다. 그러나 지금은 지하철에서 책을 읽는 사람을 만나면 초면에 인사라도 하고 싶을 만큼 반갑다. 책 읽던 그 많은 사람들은 지금 어디에 있을까? 제자리걸음 독서에서 벗어나지 못하고 포기해 버린 것은 아닌지 걱정스럽다. 독서는 쉽게 포기해도 되는 종류의 것이 아니다. 책은 내가 혼자 얻을 수 없는 방대한 지식과 다양한 경험의 원천이다. 책을 통해 시간과 공간을 초월해 위대한 인물과 만날 수도 있다. 나의 꿈을 실현할 수 있는 수단이 되고, 나를 한 단계 업그레이드 해주는 도구가 된다. 돈 주고 살 수 없는 가치를 가진 것, 진짜 사람을 만드는 것이 바로 책이다. 책이야말로 우리가 평생 따라다녀야 하는 존재다.

지금까지 우리의 독서가 제자리걸음을 했든, 퇴보를 했든 그것은 중요하지 않다. 이제 앞으로 나아가면 된다. 나는 다시 책을 들고 앞으로 나아가리라 다짐했다. 내가 했던 실수를 디딤돌 삼아 뛰어가기로 결심했다. 그래서 취미 독서가 아닌 내 인생을 위한 독서력을 기를 수 있는 책을 선택했다. 독서가 꼭 필요함을 나에게 상기시키며 적극적으로 책을 읽기로 마음먹었다. 비단 나에게 국한된 이야기는 아닐 것이다. 우리는 함께 앞으로 나아갈 수 있다.

독서는 자기계발의 기본이자 완성이며 꿈을 찾아가는 방법이다. 책이 우리의 인생에 도움이 되지 않을 것이라는 의심은 고이 접어두자. 의심 가득한 행동으로는 성공을 기대하기 어렵다. 절실하게 책을 읽고 지혜롭게 적용하려는 의지만 있으면 된다. 소심하고 두려움 많은 나도 아이를 키우며 다시 시작했다. 책은 당신과 나의 인생을 앞으로 나아가게 하는 특별한 힘이 있다는 사실을 기억하자.

독서의
빈익빈
부익부

국민 독서 실태 조사 결과에 따르면 지난해 1권 이상의 책을 읽은 성인의 비율이 65.3%이다. 20년 전에 비해 21.5%나 떨어진 역대 최저 수치라고 한다. 성인은 연평균 9권 정도를 읽는 것으로 나타났다. 두 달에 한 권 반 정도 읽는 셈이다. '9권'이라는 수는 일 년에 한 권도 읽지 않는 사람과 더 많이 읽는 사람의 평균치이다. 책을 전혀 읽지 않는 사람은 있어도 한 권만 읽는 사람은 없을 것이다. 조사 결과 역시 그렇다. 독서하는 사람을 기준으로 봤을 때, 평균 독서량은 2013년 12.9권에서 2015년 14권으로 증가했다. 독서 인구는 감소했지만 책을 읽는 사람이 더 많은 책을 읽었다는 이야기이다. 결국 독서를 하는 사람만 계속한다는 뜻이다.

나도 책을 열심히 읽을 땐 한 달에 7~8권씩 읽었다. 그런데 시험이나 리포트, 바쁜 일정이 있다는 핑계로 책을 멀리하면 1~2권 읽기도 빠듯했다. 흥미가 없을 때는 읽고 있는 한 권마저 속도가 나지 않아 질질 끌었다. 아이를 낳고서는 책 한 권 읽기가 더욱 어려워졌다. 책을 읽겠다고 손에 드는 것이 어려웠고 집중하여 읽기는 더욱 어려웠다. 아이가 자는 시간에 잠깐이라도 볼라치면, 예민한 우리 아이는 어찌 알고 금세 깨어나서 엄마를 찾는다. 간혹 시간을 얻는다 해도 쏟아지는 피곤함과 사투를 벌이기 일쑤다. 직장인들도 상황은 다르지 않을 것이다. 나 역시 직장을 다닐 때 출퇴근 시간 외에는 거의 책을 들여다보지 못할 정도로 바쁜 일상이었다. 몇 년 사이 '책 읽지 않는 사람'이 되었다.

책을 읽는 사람은 더 많이 읽고, 읽지 않는 사람은 더 안 읽는다는 사실은 무엇을 말하는 것일까? '독서를 하는 사람은 책의 효용성을 알기에 더 많이 하게 되고, 그렇지 않은 사람은 책 근처에도 가지 않는다.' 정도로 해석하면 될까? 단순히 독서의 양극화만을 이야기하기에는 더 큰 문제가 있다. 책은 곧 지식과 지혜의 원천이요, 생각의 창고이다. 다른 사람의 경험을 배우기도 하고 아이디어를 얻기도 한다. 책을 통해 나를 돌아보기도 한다. 이 모든 것이 나를 만드는 '지식'이라고 한다면 독서의 양, 독서 수준의 차이는 지식 수준의 차이라고 말할 수 있다.

책 읽는 습관은 어린 시절부터 성인으로까지 이어진다. 본격적으로 입시 준비를 하는 중고등학교 때는 학생들 대부분이 책과 멀어진다. '공부하느라 시간이 없어서, 책보다 게임이 더 재미있어서, 친구랑 노는 게 더 즐거워서, 무슨 책을 읽어야 할지 몰라서' 등이 그 이유다. 성인이 되어서도 책을 읽지 않는 이유는 똑같다. '일하느라 바빠서, 책보다 즐길 거리가 많아서, 무슨 책을 읽어야 할지 몰라서' 등이다. 왜 그럴까? 왜 책 읽기는 자꾸 천덕꾸러기 취급을 받게 될까. 독서의 중요성을 잘 모르기 때문에 그렇다.

요즘 아이들은 일찍부터 경제적 부에 눈을 뜬다. 자신이 가진 것을 서로 자랑하고 가지지 못한 것에 집착한다. 유치원 아이들도 친구 집에 방이 몇 개인지, 집이 몇 평인지, 무슨 차를 타는지 서로 물어본다. 어느 아파트 광고에는 임대 아파트에 사는 아이들이 비싼 아파트 놀이터에 들어가지 못하고 울타리에서 쳐다만 보는 광경이 나온다. 실제로 이런 일들이 벌어지고 있기 때문에 문제가 된다. '개천에서 용 난다.'는 말은 정말 옛말이 되었다. 요즘은 경제적 '부'와 '빈'이 대물림되기 쉽다. 가진 자는 더 가지기 위해 애쓰고 못 가진 자는 많이 가져보려 애쓰지만 결국 부는 부를 불러온다.

독서 역시 그렇다. 책을 많이 읽는 사람들은 다르다. 시대의 흐름을 빠르게 읽고 트렌드를 앞서간다. 지식을 쌓고 지혜를 얻는다. 자기계발에 힘쓰고 꿈을 그리고 성공을 디자인한다. 책을 읽지 않는 사람들은 그 기회조차 가지지 못한다. 물론 독서하지 않고도 꿈을 이룰 수 있지만, 책으로 많은 깨달음을 얻는 사람과의 격차는 쉽게 좁혀지지 않을 것이다. 문제는, 책을 읽지 않는 것이 나 혼자만의 문제로 끝나지 않을 수도 있다는 것이다. 책을 즐겨 읽는 부모의 모습을 보며 자란 자녀는 책을 좋아할 가능성이 커진다. 아이들은 부모를 쉽게 모방하기 때문이다. 내가 책을 읽고 있으면 아이도 책을 가져온다. 책을 가져와 읽어 달라고 하는 아이를 볼 때면 정말 흐뭇하고 사랑스럽다. 부모의 독서는 아이를 책과 친하게 만들어 줄 수 있는 가장 좋은 방법이라는 것을 깨닫는 순간이다. 독서 습관은 충분히 길러줄 수 있고 대물림될 수 있다. 아이에게 부를 물려주는 것보다 독서 습관을 길러주는 것이 더 큰 유산이 된다. 앞서 독서 수준의 차이는 지식수준의 차이라고 말했다. 요즘은 정보와 지식의 습득을 넘어 그것을 어떻게 활용하고 디자인하는지에 따라 성공 여부가 결정된다. 지식으로 창업하고 재화를 창출할 수 있는 사람이 이기는 것이다. 따라서 폭넓은 지식은 기본이요, 창의적 사고와 아이디어가 중요하다. 분명한 사실은 책이 강력한 도구가 된다는 것이다.

디즈렐리는 단 한 권의 책밖에 읽은 적이 없는 인간을 경계하라고 말했다. 책을 읽지 않는 사람은 지금 현재를 살아내기에 바쁘지만 독서하며 사고가 열리는 사람은 미래를 준비한다. 책을 읽지 않는 사람은 불평과 불만을 쏟아내지만, 제대로 읽는 사람은 약점을 가다듬어 강점으로 사용한다. 책이 그렇게 큰 격차를 낼 수 있느냐고 의심할 수 있다. 그러나 몇백 년에 걸쳐 책이란 물건이 존재한 데에는 이유가 있다. 시대를 주도하는 사람들이 빠짐없이 독서에 대해 이야기를 하는 것도 그렇다.

나도 의심을 품고 책을 읽었다. 그러나 책에 대한 생각과 마음을 바꾸고 나니 삶의 변화도 경험할 수 있었다. 나는 늘 무엇을 할 수 있을까, 어떤 일을 하며 살아야 할까, 내 인생을 어떻게 디자인할까를 고민했다. 직장을 다녀도 매일 반복되는 일상에 지치고 일도 즐겁지 않았다. 희망이 있고 즐거운 삶을 살기를 꿈꿨다. 육아를 하면서는 더욱 그랬다. 현실이 어려울수록 후회 없이 살고 싶은 마음이 나를 더욱 채찍질했다. 결국 다시 시작한 것은 '책 읽기'라는 가장 쉬우면서도 강력한 행동이었다. 책을 제대로 읽으니 책에서 길을 찾을 수 있었고 내가 하고 싶은 일이 명확해졌다. 책을 통해 얻는 지식의 깊이도 달라졌다. 삶에 대한 열정이 생겼으며 로드맵이 그려졌다.

이쯤 되면 독서의 빈익빈 쪽에서 부익부 쪽으로 넘어가야 할 필요성을 느낀다. 책을 많이 읽을 수 있는 방법은 책에 시간을 투자하는 것이다. 외국어를 배우기 위해서도 일정 시간 이상을 들이고 노력하는 수밖에는 달리 왕도가 없는 것처럼 말이다. 다만 책에 가까이 다가가기 위해 어떤 방법이 효과적인지에 대해서는 고민해 볼 수 있다. 2가지를 권하고 싶다.

한 가지는 책을 직접 사는 것이고, 다른 한 가지는 성공한 사람들의 독서법을 배우고 따라하는 것이다. 너무 시시하다고 생각할 수 있지만, 이것이 책과 친해지는 지름길이다. 이것만이라도 해보자. 사소한 습관이 우리의 행동과 결과를 바꿀 수 있다.

도서관에서 책을 빌리는 것도 좋다. 나 역시 도서관을 자주 이용한다. 그러나 빌린 책에는 나만의 메모를 할 수 없다. 사람은 자신의 흔적이 있는 것을 다시 찾게 된다. 나의 필체로 적힌 메모는 '내 것'이기에 더 소중하게 느낀다. 책을 읽으며 든 생각, 기억하고 싶은 구절, 창의적인 아이디어 등 모든 것을 마구 적는다. 책을 다 읽은 뒤에 내가 적은 메모들을 보면 생각과 행동을 정리하는 데 한결 도움이 된다. 당장 읽지 못해도 좋다. 우선 집에 책을 쌓아두는 연습을 하자. 2주에 한 번, 3주에 한 번 서점에 가는 날을 정하는 것도 좋다. 시간을 정하고 책을 탐색하고 트렌드도 분석해보자. 관심 있는 책들도 살펴보자. 부모라면 아이들과 함께 서점에 가는 것도 좋은 교육이 된다. 주말에 서점에 가면 아이들과 함께 온 부모들이 많다는 사실에 놀랄지도 모른다.

또한 성공한 사람들의 독서법을 배우자. 성공한 사람들이 펴낸 책에 빠지지 않는 내용이 독서 습관이다. 그들은 어떻게 책을 읽었는지, 무슨 책을 읽었는지를 기록한다. 그들의 책 리스트를 가져오는 것도 좋은 방법이다. 나는 가끔 책 리스트를 빌리기 위해 네이버의 '지식인의 서재'를 탐색한다. 잘 알지 못하는 고전, 인문, 정치, 경제, 예술 같은 분야의 책을 읽고 싶은데 어떤 책을 골라야 할지 고민될 때 명사들이 읽었던 책들을 살펴보고 추천해주는 책을 읽기도 한다.

마쓰오카 세이고는 『독서의 신』에서 독서를 매일 일상에서 하는 다른 행동들처럼 그냥 가볍게 받아들이는 것이 좋다고 말했다. 독서를 매일 갈아입는 옷이라 생각해보자. 그리고 옷을 고르는 것처럼 편안하고 당연한 일로 다가가자. 가볍고 편하게 책을 대하기 시작하면 독서에 대한 부담감은 줄어들게 된다.

독서의 빈익빈 부익부 현상이 날로 심각해지고 있다. 책을 읽는 사람은 더 많이 읽는다는 사실에 주목하길 바란다. 분명 책을 통해 얻고 깨닫는 것들이 있기 때문이리라. 한 권의 책은 또 다른 책을 불러온다. 독서 지식은 곧 생존 자본이요, 현대를 살아가는 지식인들에게 필수적인 선택이다. 책 읽기가 부담스러울 수 있으나 자연스럽고 당연한 일로 시작한다면 책 읽는 기쁨과 재미를 느낄 수 있다. 나아가 독서를 많이 하면 할수록 책을 더 많이, 더 쉽게, 더 빨리 읽을 수 있게 되고 독서의 양과 질을 높일 수 있다. 이제 책 읽기로 탄탄한 독서 자본을 쌓아가자. 우리의 현재와 미래를 바꾸는 중요한 순간이 시작될 때이다.

무조건 읽는다고
달라지지
않는다

카페에 앉아 글을 쓰는데 옆 테이블의 남자가 책을 본다. 무슨 책일까 정말 궁금하다. 책을 읽는 사람들을 보면 항상 생각한다.

'저 사람은 무슨 책을 읽을까? 왜 저 책을 골랐을까? 어떤 도움이 될까?'

서점에 가면 많은 사람들이 책을 고르고 사는 모습을 볼 수 있다. 책을 진지하게 고르는 모습을 보면 나도 그 책을 살펴보고 싶어진다. 다른 사람들도 읽으니까 흥미롭지 않을까, 남들도 읽는데 나도 읽어야 하지 않을까 묘한 경쟁심도 생기고, 무조건 읽어보고 싶어지기도 한다. 내 주위에도 책을 좋아하는 사람들이 많다. 한 달에 십여 권의 책을 사는 지인들도 있고, 도서관을 내 집처럼 찾아가는 지인도 있다. 그러나 그들 대부분은 책을 열심히 읽지만 이전과 달라진 점을 찾기 어렵다. 늘 직장에 대한 스트레스와 불만으로 가득 차 있고, 자신에 대한 낮은 자존감과 열등감으로 힘들어한다. 책은 취미이고 스트레스 해소용으로 삶에 큰 효용은 없는 듯했다.

나 역시 책을 많이 읽었다. 지하철이나 버스에서 읽고, 환승 구간을 걸어가면서도 읽었다. 일을 보러 가서 잠시 차례를 기다리는 시간에도 책을 읽었다. 바쁜 일상 중에 그렇게라도 읽지 않으면 한 달에 5~6권 읽는 일이 쉽지 않다. 그러나 열심히 노력하고 읽는 것에 비해 내 자신의 성장과 성숙이 더딤을 경험하고 절망했다. 책을 읽는 행위는 좋지만 달라지지 않는 내 자신과 상황이 늘 무거운 짐이었다. 재미로만 책을 읽기엔 무언가 부족했다. 책을 통해 다른 사람들의 성공담을 읽고, 지식인들의 조언을 듣고, 마음의 위로를 받지만 그것으로 끝이었다. 책을 읽을 때면 나도 책 속의 주인공처럼 되고픈 마음이 가득하지만, 다 읽고 나서 그 감동과 삶의 변화가 오래가지 못했다. 책을 열심히 읽었던 나는, 그리고 지인들은 왜 변하지 않았을까? 읽으면 달라져야 하는 것 아닐까?

책을 단순히 좋아하는 대부분의 사람들은 목표나 체계 없이 책을 선택한다. 베스트셀러 위주로 읽고 마구잡이식으로 두서없이 책을 고른다. 자신의 꿈을 위해 고민하고 도움이 되는 책을 찾기보다는 즐거움을 주는 책을 선택한다. 독서의 초보적인 수준에서는 끌리는 책을 읽는 것도 독서 습관을 기르기 위해서는 중요하다. 그러나 어느 정도 이상의 단계에서는 더 이상 놀이거리나 취미로 책을 읽을 수는 없다. 독서력을 위해서도, 미래를 위해서도 제대로 된 독서를 하는 것이 필요하다. 무조건 읽는 것은 한계에 부딪히게 된다. 홍미를 위한 책은 읽어도 그만, 읽지 않아도 그만이었다. 나는 영어 학원을 다닌 적이 있다. 공인영어시험을 앞두었을 때는 목표를 세우고 시간을 쪼개어 공부했다. 그러나 취미로 배웠을 때는 노력을 해도 그만, 하지 않아도 그만이었다. 시간이 생기면 공부하는 정도였다.

목표는 행동하게 하는 힘이 있다. 목표가 없으면 행동하고자 하는 의지도 일으키기 어렵다. 성취하고자 하는 분명한 목표가 있을 때 그 목표를 향해 끝까지 도전할 수 있다. 우리에게 필요한 것은 분명한 목표와 그 목표를 바탕으로 한 체계적인 전략이다. 취업도, 시험도, 사업도, 인생도 전략이 필요 없는 것은 없다. 독서도 마찬가지다. 제대로 된 전략을 세워야 우리의 독서가 달라질 수 있다.

독서에 전략이 필요하다고 생각하는가? 그렇다. 의미 있고 효과적인 독서를 하기 위해서는 독서에도 전략이 꼭 필요하다. 전략이란 사전적 의미로 '문제를 해결하거나 과제를 수행하기 위해 하는 체계적인 인지적 조작 활동'이다. 전략의 정의를 통해 독서를 위한 세 가지 전략을 살펴보자.

첫째, 전략은 '문제를 해결하거나 과제를 수행하기 위한' 것이다. 즉 도달해야 하는 목표가 있다는 뜻이다. 목표 없는 달리기는 우리를 지치게 만든다. 학창 시절, 매년 체력장에서 실시하는 오래달리기는 너무 힘든 과제였다. 1000미터를 뛰려면 운동장 7바퀴 이상을 돌아야했다. 그래도 7바퀴라는 목표가 있어 힘들어도 참으며 뛴다. 4바퀴, 3바퀴, 2바퀴, 그렇게 마지막 1바퀴가 남으면 없던 힘도 솟아나 결승점을 향해 뛰게 된다. 분명한 목표는 달리기에 힘을 실어주고 끝까지 포기하지 않도록 우리를 밀어준다. 목표가 분명한 독서는 우리의 인생을 성공에 한 걸음 더 다가가게 하고, 제대로 된 방향으로 향할 수 있게 한다. 목표가 없는 독서로는 삶을 개척할 수 없으며 늘 같은 자리에서 맴돌 뿐이다. 주변 사람들을 돌아보자. 목표를 가지고 책을 읽는 사람들은 그 이후의 활동, 삶의 모양이 달라졌음을 확인할 수 있을 것이다.

둘째, 전략은 '체계적인' 활동이다. 두서없이 책을 읽고 손에 닿는 대로 읽는 것은 체계적인 것과는 거리가 멀다. 책 읽기에도 체계적이고 구체적인 실행 계획이 필요하다. 독서 목표에 따라 전략적으로 책을 선정하는 것부터, 정해진 기간 동안 한 분야를 깊이 읽는 것,

다양한 분야를 넓게 섭렵하는 것, 고전/인문학을 읽는 것 등이 이에 속한다. 사람들은 같은 문제를 해결하기 위해서도 각기 다른 전략을 사용한다. 경영학자 피터 드러커는 자신만의 전략으로 독서에 열중했다. 그는 전문가로 인정받고 싶은 분야가 있다면 꾸준히 책을 읽고 새로운 주제를 공부하라고 말한다. 그는 3개월 정도의 주기적인 시간을 통해 경영학, 정치학. 철학 등 새로운 분야를 학습하며 다양한 지식을 쌓았다. 책을 읽으며 자신의 분야를 넓혀 나간 것이다. 이제 우리의 필요와 목표를 돌아보자. 독서로 무엇을 얻고 싶은지, 어떤 삶을 원하는지, 어떤 책을 어떻게 읽을 것인지 나름대로 전략을 세우는 것이 꼭 필요하다.

셋째, 전략은 '인지적인 조작 활동'이다. 우리가 읽는 모든 글은 작가의 의도가 담겨 있다. 무조건 읽는다고 의미를 다 이해할 수 있는 것은 아니다. 단순한 읽기에서 벗어나 행간의 숨은 정보와 의미를 파악하고 이해할 수 있어야 한다. 여기서 우리의 사고력이 필요하다. 우리는 책을 통해 지식을 배우고 행동과 사고가 변화하기를 바란다. 따라서 저자가 주장하는 것을 받아들이는 것도 중요하지만, 그대로 배우는 것을 넘어 질문하고 생각하며 비판적 읽기를 해야 한다. 세상의 어떤 책도 완벽할 수 없다. 사람이 쓴 글이기에 실수가 있고 오류가 있을 수 있다. 우리는 저자의 의견을 무조건 받아들이

기보다는 비판적인 읽기를 통해 자신의 생각을 한층 더 업그레이드 시켜나가야 한다. 그래야만 체계적이고 논리적인 사고가 가능해진다. 얼마나 비판적으로 읽느냐에 따라 독서의 성과가 좌우된다.

　힘들 때 다시 찾은 책은 내게 새로운 희망이었다. 책을 통해 무엇을 얻을 수 있을지는 알 수 없었다. 하지만 그 안에 길이 있다는 사실만큼은 알았다. 그동안 내가 했던 편한 독서로는 안 된다는 것도 알았다. 다른 목표를 세우기 이전에 독서부터 제대로 해야겠다는 데에 생각이 미쳤다. 여러 책들을 읽고 독서법 수업을 들었다. 그러면서 책을 내 것으로 만드는 전략을 세울 수 있었다. 그 후로 나는 나만의 읽기 전략을 가지고 책을 읽게 되었다. 책을 읽을 때는 우선 책의 목적과 의도가 무엇인지 파악한다. 저자는 어떤 관점을 가지고 책을 썼는지 살펴보는 것이다. '이 책은 ~에 대한 책이네. ~한 주장을 하겠구나.'라는 나만의 가설을 세우는 것도 좋다. 책을 통해 배우고 싶은 내용도 생각해본다. 미리 생각한 부분을 기억하며 책을 읽기란 쉽지 않다. 그래서 책 앞표지에 짧은 문장이나 글로 적는다. 본문을 읽으면서 앞에 적은 가설과 비교하며 읽고, 이 책을 읽는 나의 목적이 무엇인지를 자꾸 되새기며 읽는다. 생각 없이 읽다 보면 앞에서 읽은 내용은 흘러 지나가기 마련이다. 그래서 나는 책의 내용이 내가 세운 가설과 일치하는지 확인하면서 읽고, 다 읽은 후에는 다시 나의 언어로 정리했다. 이러한 전략을 사용하고 나서부터는 아무런 생각 없이 읽었을 때와는 확연히 다른 차이를 느낄 수 있었다. 기억에 남는 내용이 많아졌고 자꾸 되새기다 보니 삶에 적용하기에도 좋았다.

　　무조건 읽는다고 달라지지 않는다. 책을 쓰는 사람도 전략을 가지고 쓴다. 그러므로 읽는 사람도 마땅한 전략이 필요하다. 전략 없이 올림픽에 출전하는 운동선수는 없으며, 전략 없이 회사를 경영하는 사업가도 없다. 전략 없이 책을 읽는 독서가의 책 읽기는 서툴 수밖에 없다. 책을 읽기 전에 당신이 이 책을 통해 얻고자 하는 것을 다시 한번 생각해보자. 그리고 체계적이고 전략적으로 책을 읽자. 읽은 책은 자신의 생각으로 녹여 자신의 것으로 만들어야만 책을 읽은 후에 달라진 모습을 얻을 수 있다. 읽는 것 자체로 만족하는 독서는 이제 안녕이다. 전략적인 독서가 인생의 차이를 만든다.

문제는
양보다
질이다

📖

많은 사람들이 새해가 되면 한 해의 목표를 정한다. 나도 매년 목표를 정했다. 독서 계획은 지난 10년 동안 매년 빠지지 않았다. 1년에 50권 읽기, 80권 읽기, 독서 노트 다 채우기 등이었다. 늘 독서의 양을 기준으로 계획을 세웠기에 매년 비슷했다. 목표한 권수를 채우면 성공한 독서, 그렇지 못하면 실패한 독서처럼 여겼다. 읽은 책의 권수가 중요한 것은 아니나, 가장 손쉽고 정량적으로 나의 독서를 판가름할 수 있는 기준이었기에 나는 늘 양적 계획을 세웠다. 그러나 많은 책을 읽었다고 더 많은 것을 남긴 것은 아니었다.

어느 지인의 이야기가 생각났다. 지인은 아내가 가방을 좋아해 자주 구입하지만 가방을 사는 아내를 탐탁지 않게 생각했다. 어느

날 출장길에 아내의 간곡한 부탁에 명품 가방을 사다 주었다고 한다. 지인의 아내는 명품 가방을 매일 들고 다녔으며, 찢어지면 수선해서 다시 썼다고 한다. 그렇게 몇 년째 명품 가방을 사용하고 있다고 했다. 그런 아내를 보며 그는 생각했다. '싼 가방은 쓰다가 버리고 다시 사고 마구 사용했는데, 비싼 명품은 절대 버리지 않는구나.' 지인은 조금 비싼 가격을 지불하더라도 마음에 드는 가방 하나를 사주는 게 현명하다고 생각했단다. 양보다는 질이었다.

독서도 마찬가지다. 여러 권의 의미 없는 책보다 도움이 되는 한 권의 책이 필요하다. 나의 생각을 깨우고 번뜩이게 하는 책 한 권이 나를 일으키고 사고를 변화시킨다. 독서 습관을 기르고 독서를 잘하기 위해 넘어야 할 기본적인 독서량은 필요하다. 예를 들어 경제에 대한 책을 여러 권 읽은 사람과 한 권도 읽어본 적이 없는 사람이 같은 경제 책을 읽는다면 누가 더 수월할까. 당연히 여러 권의 책을 읽고 배경지식이 있는 사람이 훨씬 수월할 것이다. 초보자일수록 책 읽기가 어렵고 시간도 오래 걸리며 요령도 부족하다. 어렵다고 느끼는 것은 당연하다. 누구나 다 이런 과정을 거치며 책을 읽는다. 꾸준히 책을 읽어 독서의 연습량이 쌓이면 몸의 습관이나 행동이 독서에 익숙해질 때가 온다. 깊은 차원의 책 읽기 준비가 된 것이다. 그 다음부터는 '양'보다 '질'에 초점을 맞추고 책을 읽어야 한다.

우리는 이제 얼마나 많은 책을 읽느냐보다 얼마나 효과적으로 읽느냐에 초점을 맞춰야겠다. "만일 내가 다른 사람들처럼 많은 책을 읽었더라면 나도 다른 사람들처럼 무식할 것이다."라고 토마스 홉스가 말했듯이 많이 읽더라도 무식할 수 있다. 제대로 읽기 위해서는 질적으로 달라야 한다. 그렇다면 '질'에 초점을 맞춘 책 읽기를 위해서는 무엇이 필요할까? 나는 '선택'과 '몰입'이라고 생각한다.

먼저, 좋은 책을 선택하기 위해서는 기준과 안목이 필요하다. 첫째, 자신에 대한 이해가 필요하다. 자신이 좋아하는 분야가 어떤 분야인지, 좋아하는 장르는 무엇인지, 잘하는 분야와 개발해야 하는 분야는 무엇인지, 마음에 드는 작가는 누구인지를 생각해보자. 이 과정에서 강점을 극대화시키고 단점을 보완하는 책을 고를 수 있다. 아무리 좋은 책이라도 자신이 좋아하는 항목들이 있어야 집중해서 읽을 수 있다. 둘째, 한때 유행하는 베스트셀러보다는 꾸준히 인기가 있는 스테디셀러를 선택하자. 나는 한참 지난 베스트셀러를 본다. 오랫동안 베스트셀러가 되는 책들을 고르고, 스테디셀러 중에서 선택한다. 스테디셀러의 대부분은 독자들에게 인정받았다고 생각해도 좋은 책들이다. 셋째, 훑어보기로 내용을 파악해보자. 책 앞뒤 표지, 목차, 작가 프로필 등을 보고 소제목 중심으로 책을 훑어본다. 눈길이 가는 내용은 본문도 읽어보며 차분히 고른다. 넷째, 고전을 선택한다. 고전은 오랫동안 많은 사람들에게 읽히고 모범이 될 만한 작품이다. 고전은 재미와 교훈을 준다. 『금방 까먹을 것은 읽지도 마라』의 저자 장경철은 '고전은 쟁점에 대해 핵심적인 대안이 있거나 다른 입장보다 더욱 설득력 있게 입장을 대변했을 때 사람들이 붙여주는 이름'이라고 말한다. 그 안에 해법이 있다는 뜻이다. 좋은 책을 선택하는 것이 독서의 질을 결정한다.

자신에게 맞는 책을 선택했다면 이제는 '집중과 몰입'이 필요하다. 얼마나 책에 몰입하고 읽느냐에 따라 책의 내용이 기억날 수도 있고, 그렇지 않을 수도 있다. 보통 정독이라 하면 천천히 자세하게 읽는 것을 생각하는데, '천천히'보다 '집중해서' 읽는 것이 정독의 핵심이다. 책을 읽어도 머릿속에 들어오는 게 없을 때가 있다. 몇 번을 다시 읽기도 하고 소리 내어 읽은 적도 있다. 원인은 두 가지이다. 내가 그 분야에 배경지식이 없거나, 책에 집중하고 있지 않기 때문이다. 후자의 경우는 책을 읽은 것이 아니라 단순히 문자를 읽은 것에 불과하다. 중요한 것은 얼마나 몰입하느냐이다.

누구나 몰입을 해본 경험이 있을 것이다. 재미있는 드라마나 예능 프로그램을 볼 때 쉽게 몰입한다. 드라마를 즐겨보지 않았던 나는 얼마 전 두 편의 드라마에 빠져 있었다. 〈미생〉과 〈시그널〉이다. 두 드라마는 방송이 끝나는 것이 너무 아쉬울 정도로 몰입했었다.

사회 초년생의 삶과 직장 생활, 인간관계 등을 그린 〈미생〉은, 같은 삶을 사는 나를 보는 것 같아 빠져들 수밖에 없었다. 많은 사람들이 공감하며 보았을 것이라고 생각한다. 〈시그널〉은 추리물이라 더욱 그랬다. 긴장감이 가득하고 다음 이야기의 진행이 궁금했다. 완벽한 플롯과 탄탄한 구성이 시청자로 하여금 더욱 집중하게 만들었다. 또한 많은 사람들이 몰입하는 것 중 하나가 스마트폰이다. 지하철에서도, 길을 걸으면서도 스마트폰을 들여다보는 사람들이 많아 아슬아슬하다. 차가 지나가도 스마트폰만 들여다본다. 지하철을 타면서 발을 헛디디지는 않을까 걱정된다. 다른 어느 것도 방해할 수 없는 집중의 시간이 바로 몰입이다.

몰입*Flow*은 칙센트미하이 교수에 의해 고안된 개념으로 어떤 행위에 흠뻑 빠져드는 것이다. 시간의 흐름, 공간, 자신에 대한 생각까지도 잊어버리게 되는 심리 상태가 몰입이다. 그에 따르면, 몰입이 강렬해지기 시작하면 우리는 무아지경의 상태를 경험하고, 하고 있는 일 그 자체로 해야 할 가치가 있음을 깨닫게 된다고 한다.

책을 읽으며 몰입하기란 사실 쉽지 않다. 주변 환경이나 자신의 심리 상태도 영향을 준다. 그러나 한번 몰입을 경험하게 되면 자꾸 경험하고 싶어질 것이다. 나는 얼마 전 약속 시간에 40분 정도 일찍 도착했다. 요즘 바빠진 생활 때문에 책 읽는 시간을 많이 내지 못했는데 의외의 시간이 생겨서 신이 났다. 근처 카페를 찾아 들어갔다. 약속 장소로의 이동 시간 10분을 제외하고 30분 동안 책을 읽어야겠다고 목표를 정한 나는 펜을 꺼내 줄을 긋고 메모를 하며 책을 읽었다. 좁은 카페에 사람도 많았고 음악도 시끄럽게 나오고 있었지만 그 시간 동안 나는 미친 듯이 책에만 집중했다. 아무 소리도 들리지 않았고 오직 책만 쭉쭉 읽어나갔다. 나도 그렇게 읽을 거라 생각하지 못했는데, 읽다 보니 너무 재밌고 책에 빠져들었다. 책의 내용도 재미있었지만 줄을 긋고 생각을 남기는 과정이 독서에 힘을 더해주었다. 그렇게 30분이 지났고 약속 장소로 향했다. 그날의 경험은 바쁜 일상에 활기를 주었다.

그렇다면 언제 몰입이 잘 되는가? 몰입을 위한 전제조건이 있다. 첫째, 분명한 목표가 있는 활동에서 몰입이 잘 일어난다. 나는 30분 동안 책을 읽겠다는 단순하지만 분명한 목표를 정했다. 더 이상의 시간 사용이 불가능했기 때문에 완전히 몰입할 수 있었다. 둘째, 즉각적인 피드백이 주어지는 활동에서 몰입이 잘 일어난다고 한다. 이 것이 게임에 몰입하고 집중할 수 있는 이유이다. 자신의 조작에 따라 점수가 주어지거나 전개되는 상황이 바뀌고, 결과가 바로 나오기 때문에 더욱 몰입할 수 있는 것이다. 셋째, 자신의 능력과 과제의 난이도가 적절한 균형을 이룰 때 몰입하기 쉽다고 한다. 어려운 책보다는 자신의 수준에 맞는 책을 잘 선택해서 집중할 때 몰입을 경험할 수 있다.

　우리는 지식을 탐하는 시대를 살고 있다. 하루에도 우리를 향해 쏟아지는 정보의 양은 어마어마하다. 그 많은 지식을 우리는 다 흡수할 수 없고 그럴 필요도 없다. 자신에게 필요한 정보들을 습득하고 체득하면 된다. 많은 사람들이 바쁜 시간을 쪼개 책을 읽고 자신을 계발한다. 시간과 노력을 아낄 수 있는 방법을 선택해야 한다. 우리가 보다 효과를 얻기 위해서는 양보다 질에 초점을 맞추면 된다. 필요한 책을 지혜롭게 선택하고, 책 읽는 시간에는 완전히 집중하고 몰입하며 읽자. 독서 시간 속에 온전히 나를 던져 넣을 때 생각은 커지고 책을 통해 성장도 할 수 있게 된다. 많은 사람들이 그랬던 것처럼 말이다.

제대로 읽는
사람은
1%가 다르다

나비효과에 대해 알고 있을 것이다. 나비의 날갯짓 같은 작은 변화가 돌풍과 같은 아주 커다란 변화를 일으킬 때 사용되는 말이다. 많은 사람들이 책을 읽지만 1%의 차이가 결과의 차이를 가져온다. 같은 책을 읽어도 누군가에게는 의미 없이 지나가고 누군가는 가슴이 뛴다. 그동안 많은 책을 읽었지만 큰 변화가 없던 나는 다른 사람들은 어떻게 책을 읽는지 궁금했다. 아니 알아야 했다. 제대로 된 독서 방법을 배우고 싶었다. 그래야 더 이상 지체하지 않을 수 있었다. 독서법에 관한 책도 읽고 독서법 수업을 듣기도 했다. 책을 잘 읽는 사람들 대부분은 비슷한 것 같지만 역시 다른 무언가가 존재했다. 제대로 읽는 사람들에겐 다른 1%가 있었다.

첫째, 반드시 시간을 내서 독서한다. 대부분의 사람들은 책을 읽지 않는다. 눈에 띄는 이익이 예상되지 않으면 읽을 필요성을 느끼지 못한다. 당장에 필요한 스펙을 쌓는 일이나 성과를 내는 일이 아니면 투자하는 시간을 아까워한다. 그러나 제대로 읽는 사람은 일정 시간을 독서를 위해 사용한다. 많은 독서가들은 자투리 시간을 이용해 책을 읽으라고 말한다. 의식하지 않으면 버려지는 시간이기에 아무 것도 하지 않는 것보다 책을 읽는 것이 더 효과적이다. 바쁜 일상 속에서 시간에 대한 부담을 갖는 현대인들에게 추천하고 싶은 방법이다. 그러나 대부분의 독서가들은 자투리 시간을 포함한 일정 시간을 독서를 위해 따로 떼어 놓는다.

나 역시 독서를 위해 시간을 정해 놓는다. 자투리 시간에는 편하게 읽을 수 있고 이해하기 쉬운 책을 위주로 읽는다. 정해진 독서 시간에는 집중하여 읽어야만 하는 노력이 필요한 책을 읽는다. 전문서나 인문학, 고전, 잘 모르는 분야에 대한 책이다. 자투리 시간에 책을 읽을 때는 주변에 신경 쓰이는 일들이 많다. 버스나 지하철에서 시끄럽게 떠드는 학생들이나 크게 통화하는 사람들의 소리가 귀에 거슬릴 때도 있다. 회사에서는 마치 일이 없어서 책을 읽는 것 같아 상사나 동료의 눈치도 보인다. 집에서는 아이가 자신에게 집중하라는 신호를 보내기도 한다. 자투리 시간은 온전히 내 것은 아니다. 때와 장소에 따라 다르지만 책 내용에 몰입하기 어렵고, 이미 읽은 내용이 이해되지 않는 경우도 있었다. 그러나 독서하기 위해 마련한 시간은 나만의 시간이다. 훨씬 집중이 잘되고 생각이나 마음의 정리도 빨랐다. 복잡한 일이나 생각에서 벗어나 책에만 온전히 집중할 수 있는 시간이 된다.

둘째, 제대로 읽는 사람은 우선순위가 독서이고 독서는 습관이 되어 있다. 오늘 해야 할 여러 가지 일 중 가장 중요한 일은 언제 하는가? 성공한 사람들, 지식인, 훌륭한 일을 해낸 사람들의 책을 보면 그들의 공통적인 모습은 출근하기 2~3시간 전에 일어나는 것이다. 무엇을 하겠는가? 신문을 읽고 책을 보고 명상을 한다. 게으른 사람이 없을 뿐만 아니라 더 부지런히 일어나 책을 읽고 자신의 일상을 계획한다. 그것이 시간에 쫓겨 사는 평범한 다른 사람과의 큰 차이를 만들어 낸다. 아무리 바빠도 다른 어떤 일보다 독서 시간을 먼저 사수하는 일이 우리에게 필요하다. 독서는 밥 먹는 것과 같은 당연한 습관이 되어야 한다. 해야 하는 규칙이 아니라 당연히 습관적으로 하는 것이어야 한다. 퇴근 후나 자기 전에 책을 읽을 수도 있다. 그러나 이미 우선순위에서 밀려난 것이다. 약속이나 TV 시청 등의 이유로 책을 손에 들지 못할 수도 있고, 손에 들었다 해도 피곤해서 제대로 읽지 못할 수도 있다. 밤 시간은 습관이 잘 형성되지 않는다.

나는 새벽 시간을 선호한다. 새벽이나 밤이나 졸리고 피곤한 건 마찬가지다. 그러나 저녁시간보다는 새벽 시간이 핑계거리가 적다. 주부인 나는 아이가 자는 밤 시간에 해야 할 일들이 많다. 밀린 집안 일도 하고 자주 깨는 아이를 달래기도 한다. 그러나 새벽은 나만을 위한 이기적인 시간을 보낼 수 있다. 일단 잠에서 깨어나기만 하면 정신이 맑아지고 집중이 더 잘된다. 급하고 중요한 일, 급하지 않지만 중요한 일, 급하고 중요하지 않은 일, 급하지도 중요하지도 않은 일 이 네 가지 영역 중 당신의 독서 시간은 어디에 속해 있는가? 우선순위를 정할 필요도 없을 정도로 습관이 되었다면 당신은 이미 승리한 사람이다.

셋째, 제대로 읽는 사람들은 메모하고 생각을 정리하는 시간을 반드시 갖는다. 독서를 잘하는 사람 중에 메모를 하지 않아도 된다고 말하는 사람은 없다. 그들은 반드시 메모하라고 말한다. 책에다 해도 좋고 독서 노트를 만들어도 좋다. 책을 읽으면서 메모를 하지 않으면 자신이 했던 생각은 금방 날아가 버린다. 문득 생각난 아이디어를 잠시 지체하다가 잊어버린 경험이 있을 것이다. 나도 샤워하다가 스친 생각이 다시 나지 않아서 한참 고심한 적이 있다. 메모 역시 습관이다. 메모를 한다는 것은 생각을 한다는 것이다. 바쁘게 돌아가는 일상 속에서 생각하지 않고 멍하게 지내는 시간이 얼마나 많은가? TV를 보며, 스마트폰을 들여다보며 아무 생각하지 않는 것이 익숙해진다. 그러나 생각하고 살지 않으면 생각하는 힘을 잃어버리게 된다. 스티브 잡스는 틈나는 대로 아이디어를 메모했고 그 메모는 애플의 혁신적인 제품으로 탈바꿈했다. 읽고 생각하자. 그리고 메모하자. 1% 다른 당신을 만들어줄 것이다.

넷째, 호기심이다. 어린 시절에는 보이는 것마다 신기하고 궁금한 것이 가득했다. 그러나 성인이 된 지금은 모든 것을 당연하게 여긴다. 어린 시절의 호기심과 감탄은 사라진 지 오래이다. 하지만 지적 호기심이 많아야 책을 읽기에 유리하다. 궁금하고 알고 싶은 것이 있어야 책을 즐거워하고 탐구할 수 있다. 호기심을 불러일으킬 수 있는 방법은 당연히 책을 읽는 것이다. 한권의 책은 꼬리에 꼬리를 물고 또 다른 책을 불러온다. 책은 읽으면 읽을수록 지적 호기심을 자극하며, 같은 사물도 다르게 바라보는 안목을 키워준다. 같은 세상을 살아가지만 호기심을 가진 눈에서 '차이'가 시작된다.

다섯째, 질문이 있는 독서를 한다. 많은 사람들이 열심히 일하고 정직하게 살지만, 다른 사람과 특별히 다르지 않은 삶을 사는 이유는 질문하지 않기 때문이다. 학교에서도 직장에서도 다른 사람들이 시키는 대로 하고 앞서간 사람들이 간 길을 그대로 따라간다. '왜, 무엇을, 어떻게'에 대한 질문은 하지 않는다. 그것이 편하게 사는 방법이라고 많은 사람들은 생각한다. 편한 길일지는 모르나 다른 길, 더 나은 길은 아니다. 독서가들은 책을 읽으며 머리로 끊임없이 질문한다. 질문하고 대답을 찾는 과정에서 생각하는 힘도 자라난다. 그런 습관이 그들을 독서가로 만들었다.

평범하게 읽는 사람들과 제대로 읽는 사람들과의 차이는 1%에서 결정된다. 1%의 차이는 곧 습관이었다. 아주 작은 차이지만 습관처럼 몸에 익히고 실천하는 것이 중요하다. 나비의 작은 날갯짓이 큰 폭풍우를 일으킬 수 있다는 사실을 기억하자. 1%의 차이가 100% 달라진 미래로 다가올 것을 기대해보자.

책 읽기는
왜 배우지
않을까?

세 살 난 딸아이는 요즘 부쩍 말이 늘었다. 20개월 즈음 말문이 트이더니 26개월인 지금은 못하는 말이 없을 정도다. 한참 놀다가 심심해지면 "엄마, 이거 재미없어. 이제 우리 뭐하고 놀까?"라고 말한다. 내가 책이라도 보면 "엄마 무슨 공부했어?", 운전 중에 과속 방지 턱에 걸리면 "조심해야지. 예진이가 아프잖아."라고 말한다. 현관에서 먼저 나서는 아빠에게 "아빠, 먼저 가지 마, 예진이랑 엄마랑 같이 가야지. 혼자 가면 안 돼." 하고 아빠를 다그치기도 한다. 문화센터에 데려다주고 가는 아빠에게 "아빠, 고마워, 운전 조심해. 이따 만나요."라고 애교를 부리며 말한다. 가끔 아이의 말에 깜짝 놀라기도 하고 빵 터질 정도로 크게 웃는 날도 많다. 아이가 처음부터 말을 잘

한 건 아니다. 가족들이 아이에게 끊임없이 말을 걸고 대답해주고 소통하는 과정에서 아이는 말을 배우고 성장한다. 말을 배우면서부터 자신의 생각과 감정을 이야기하기 시작한다. 이것은 아이에게 말을 가르쳤기 때문이다.

모든 사람들은 말을 배운다. 그리고 때가 되면 글자를 배우고 글 읽는 것을 배운다. 아이에게 이 과정은 지극히 자연스러운 일이다. 그러나 글자를 잘 읽는다고 책을 잘 읽는 것은 아니다. 책을 잘 읽는다는 것은 글을 읽고 내용을 이해하고 생각하고 표현할 수 있는 능력을 갖추었음을 말한다. 책을 읽는 것은 활자 그대로를 읽는 것과는 다르다. 돌아보건대, 나는 책 읽기를 배워본 기억이 없다. 글자를 읽는 법은 배웠지만, 부모님도 학교 선생님도 나에게 책을 읽는 방법에 대해서 가르쳐주지는 않았다. 당신은 책 읽기를 배운 적이 있는가? 당신의 답 역시 '아니다'일 것이다. 우리는 책 읽기를 배워야 한다고 생각하지 않는다. 글을 읽을 줄 알면 책은 당연히 읽을 수 있는 것으로 간주한다.

나는 7살 때부터 미술학원을 다녔다. 초등학교에 들어가서도 일주일에 한 번씩 학원에 갔다. 다양한 방법으로 그림도 그리고 여러 가지 미술 활동을 했지만 미술에는 전혀 소질을 보이지 않았다. 학창 시절에도 미술 시간은 정말 곤욕이었다. '나랑은 안 맞아.'를 외치며 미술을 멀리했다. 그렇게 성인이 되어서 그림 그리는 직장인으로 알려진 정진호 씨의 강연을 듣게 되었다. 해외 출장을 다녀오던 그는 공항에서 노트에 비행기를 그리던 한 외국인을 보고 '나도 그림을 그리고 싶다.'는 생각을 했고 우연히 그림을 그리기 시작했다고 한다. 그 강연을 듣고 나도 그림을 그리고 싶어졌다. 어릴 때 즐겨하지 않았는데 성인이 되고는 그림을 잘 그리는 사람이 내심 부러웠다. 나는 작은 노트와 펜을 샀고 그림을 그리기 시작했다. 하루에 2~3개의 작은 사물을 그리는 것부터 도전했다. 3개월 정도 그리다 보니 자신감이 생겼다. 그림이 어떠한가보다는 미술을 멀리하던 내가 그림을 그릴 수 있다는 사실이 뿌듯하고 기분이 좋았다. 사실 그림도 아닌 스케치였고, 정말 형편없는 끄적거림일 수도 있다. 하지만 이 도전으로 나는 포기했던 그림을 즐길 수 있게 됐고, 무엇이든 배우고자 하는 마음과 실천만 있다면 더 나은 결과를 얻을 수 있음을 깨달았다.

우리는 많은 것을 배운다. 그림 그리는 일을 배우고, 악기를 배운다. 언어도 배우고, 스피치를 배운다. 요리를 배우기도 하고 글쓰기도 배운다. 그런데 왜 책 읽기는 배우지 않는 것일까? 책 읽기가 쉬운 일이라고 생각해서 그럴까? 아니면 배워야 할 필요성을 느끼지 못해서일까? 각종 미디어와 SNS, 인터넷의 빠른 속도에 익숙해진 요즘, 조금이라도 느리거나 즉각적인 반응이 나타나지 않는 것에 대해서는 기피하는 경향이 있다. 시간과 돈을 들였지만 돌아오는 결과가 크게 눈에 띄지 않는다면 관심을 갖지 않는다. 독서는 느리고 생각하는 것을 요구한다. 책은 우리에게 기다리고 사색하고 통찰할 것을 원한다. 그러니 환영받지 못한다. 나도 바쁘거나 해야 할 일이 많을 때는 책 읽는 시간이 아깝다고 생각한 적이 있다. 당장 결과가 나타나지 않는 책 읽기는 우선순위에서 밀리기 일쑤였다. 독서의 중요성은 알지만 쉽게 시작하지 못하거나 끝까지 인내하지 못하는 우리는 책 읽기를 원하지도, 방법을 배우려 하지도 않았다. 그렇다면 책 읽기를 배우지 않은 우리의 독서는 과연 성과나 결과를 내고 있는가? 독서는 취미인데 왜 결과를 얻어야 하냐고 묻는다면, 10여 년 동안 독서를 했지만 달라지지 않았던 나의 삶을 다시 생각해보자. 취미로 악기를 배워도 10년을 배우면 어느 정도의 실력을 갖추게 된다. 악기를 배우지 않은 사람과는 분명 차이가 있다. 그런데 취미로 독서를 한 사람들은 읽은 사람과 읽지 않는 사람의 차이가 크지 않다. 시간과 돈을 들여 책을 읽었음에도 삶의 변화가 없다면, 답답한 일이 아니겠는가. 바로 책 읽기를 제대로 배우지 않아서 그렇다.

"나는 독서하는 방법을 배우기 위해서 80년이라는 세월을 바쳤는데도 아직까지 그것을 잘 배웠다고 말할 수 없다."고 괴테가 말했다. 80년이라고 말했을 정도로 오랫동안 독서하는 방법을 배우기도 했겠지만, 또 그만큼 많은 독서법을 익히고 활용했을 것이다. 세계적인 문호 괴테도 이러했는데, 평범한 우리는 당연히 독서 방법을 배워야 한다. 독서는 선천적인 능력이나 재능이 아니다. 독서 경험이 많다고 잘 읽는 것도 아니다. 우리의 노력과 열정에 의해서 만들어질 수 있다. 중요한 것은 집중력과 전략이다. 의지와 집념이 책 읽기의 성과를 좌우한다. 게으름과 조바심은 적이다. 책 읽기를 시도하다가 포기한 적이 있는가? 그렇다면 지금이 바로 독서법을 배워야 할 때이다. 실패가 없으면 성공할 기회도 없다.

독서법이라 하면 가장 먼저 떠오르는 것이 속독, 정독, 다독 같은 방식일 것이다. 그런 방법도 필요하지만 나는 어떻게 책을 읽는 것이 더 효과적인지에 대해 고민하고 실천했다. 아이를 낳고 우울한 마음이 들 때, 내 존재가 사라지는 것 같은 마음이 들 때 나를 찾아야 했다. 다시 시작했던 책 읽기는 절박함의 표현이었다. 변화를 향한 절실함, 간절함이 있다면 당신은 책 읽기를 제대로 배울 수 있다. 책 읽기에 왕도는 없다. 시간이 걸리고 노력이 필요하다. 다만 제대로 된 방법을 배우고 사용한다면 시간을 아낄 수 있고, 더 큰 효과를 얻을 수 있다. 결국은 정말 책을 읽고 싶은가의 문제이다. 이제 당신의 독서 방법이 바뀌어야 할 차례이다.

지금이
최적의
독서 타이밍이다

📖

누구에게나 사랑의 기억이 있다. 풋풋했던 젊은 날, 가슴 설레고 짜릿했던 첫사랑의 추억일 수도 있고, 어려운 시기를 함께했던 뭉클했던 기억일 수도 있다. 생각하면 저절로 미소가 지어지며 행복할 수도 있고 결실을 맺지 못한 슬픔과 아쉬움이 떠오를 수도 있다. 지난 사랑을 되돌아 볼 때 아쉬운 점이 무엇인가? 연인에 대한 배려? 진실함? 연애의 기술? 내가 생각하는 사랑은 타이밍이다. 인생의 많은 순간 중에 언제 누구를 만나느냐가 사랑의 결실을 맺음에 있어 중요하다. 이전에 헤어진 그 또는 그녀를 지금 다시 만난다면 멋진 사랑을 할 수도 있다. 지금 만나고 있는 상대방을 그때 만나지 않았더라면 영영 만나지 못했을 수도 있다. 인생도 타이밍이 중요하다. 작은 선택들이 모여 차이를 만든다. 선택을 할 때 과정이나 결과만큼 중요한 것이 바로 타이밍, 시기이다. 무엇을 하느냐보다 때로는 언제하느냐가 더 큰 영향을 끼칠 수 있다.

독서는 타이밍이다. 무슨 책을 어떻게 읽느냐도 중요하지만 일단 시작하는 타이밍이 중요하다. 많은 사람들이 나이가 들면 독서실력도 함께 늘어난다고 생각한다. 지금 읽기 어려운 책이 3년 뒤엔더 잘 읽힐까? 절대 그렇지 않다. 나이가 들면 누구나 지식과 지혜가쌓인다. 경험이 많아지고 배경지식이 쌓이기 때문에 같은 맥락을 조금 더 쉽게 이해할 수는 있다. 그러나 그것은 앞서 말한 것처럼 경험과 배경지식이 늘어난 덕이다. 결코 독서 실력이 나아졌다고 말할수는 없다. 독서 실력은 책을 통해 저자가 말하고자 하는 핵심이 무엇인지, 어떤 메시지를 전하고 있는지 파악하고 이해할 수 있는 능력이다. 나아가 사고의 과정을 통해 그 메시지를 자신의 것으로 만들고 변화를 이루어 나갈 수 있는 능력이다. 이것이 갖추어지지 않으면 독서 실력이 늘었다고 말하기 어렵다. 독서 실력은 독서와 일련의 모든 과정을 통해 성장한다. 연륜이나 경험과는 상관없다. 오히려 어릴 적부터 제대로 독서를 배운 학생이나 아이들이 독서하지않는 어른들보다 독서 실력이 뛰어날 것이다.

많은 사람들이 독서의 중요성을 인식하고 "올해는 독서 좀 해야 겠다."고 계획을 세운다. 그러나 그렇게 생각하는 사람들은 다시 '독서를 하는 사람'과 '그렇지 않은 사람'으로 나눌 수 있다. 이 차이는 어디서 오는가? 그것은 바로 타이밍에서 시작된다. 지금 말하고자 하는 타이밍은 특정한 순간을 지칭하는 것이 아니다. '지금, 바로 오늘'이 타이밍의 핵심이다.

한번 돌아보자. 친구들이나 주변 지인들을 만나면 독서에 대한 이야기를 나누는가? 책을 많이 읽고 싶은 마음, 또는 책을 읽고 있는 상황이나 과정에 대해서 이야기한 적이 있는가? 아마 대다수의 사람들은 어려운 인간관계, 인생 고민, 현실에 대한 불평 등을 주제로 이야기를 나눌 것이다.

"다음 번 만남은 서점에서 하는 건 어때?"

"요즘 읽고 있는 책이 뭐야? 최근에 읽은 책 중에 추천해 줄 만한 책 있어?"

"우리 다음에 만날 때 같은 책 읽고 생각 나누기 할까?"

"난 지난달에 책을 3권밖에 못 읽었어. 더 읽고 싶었는데 말이야. 다음 달에는 5권을 읽어볼 거야."

이런 이야기를 친구들과 한다면 손발이 살짝 오글거릴 것 같은가? 친구들의 차가운 눈총을 받기 딱 좋을 수도 있다. 이게 우리의 안타까운 상황이다.

왜 이렇게 되었을까? 많은 사람들이 '지금, 바로 오늘'을 지키지 않아서이다. 독서하기 가장 좋은 때는 바로 지금이다. 살아보니 그렇다. 내일부터, 다음 주부터, 다음 달부터, 내년부터로 미루다 보니 시작하기가 너무 어렵다. 가장 좋은 핑계는 시간 부족이다. 우리는 늘 시간 부족에 허덕인다. 10대엔 입시 공부하느라, 20대엔 전공 공부와 스펙 쌓기, 어학연수, 취업 준비를 하느라 바쁘다. 직장인일 땐 일하느라 바쁘고, 30대엔 결혼과 가정에 집중하느라 바쁘다. 아이를 낳으면 더 말할 것도 없다. 내 시간은 이제 안녕이다. 내가 '내 것'을 찾지 않으면 그냥 사라지는 게 시간이다.

나의 삶에서 물리적인 시간으로 가장 여유로웠을 때는 취업 준비를 하던 때였다. 그러나 백수가 얼마나 바쁜지 아는가? 기업 정보도 검색해야 하고 이력서도 써야 한다. 외국어 공부도 해야 하고, 집안일도 눈치껏 도와야 한다. 친구를 만나러 가도 백수인 내가 좀 더 멀리 가고, 시간도 퇴근하는 친구들에게 맞춰야 한다. 하루가 참 짧게 느껴졌었다. 물리적 시간이 많다고 바쁘지 않은 것은 아니다. 그렇다. 우리에게 시간이 없는 것은 물리적인 시간이 아니라 생각대로 사는 시간이 없는 것이다. 우리는 오늘 생각대로 몇 시간 아니 몇 분을 살았을까.

독서에 관련된 책들을 읽어보면 책으로 삶이 바뀐 사람들의 이야기가 많다. 그들은 하나같이 일자리를 잃거나 병으로 입원하거나 사업에 실패하는 등의 어려움이 있었다. 질병과 우울증으로 대인기피 증세를 보인 사람도 있고, 사업에 실패해 자살을 생각하다가 책으로 돌아온 사람도 있다. 김대중 전 대통령은 감옥에서 엄청난 양의 책을 읽었다고 한다. 정사로 시간이 부족해 책을 많이 읽지 못하니 "다시 감옥에 가야 하나."라고 농담할 정도로 책을 읽었다고 한다. 우리가 볼 땐 정말 어려운 상황이다. 신세 한탄과 불평으로 시간을 보내도 탓할 수 없을 만큼 힘든 상황이다. 그들의 상황과 시간은 독서하기에 좋은 타이밍이 아닐 수 있었다. 그러나 그들은 시간을 그냥 흘려보내지 않았고 '지금, 바로 오늘'을 실천했고 그것이 인생을 바꾸는 전환점이 됐다. 책을 읽고 있는 당신이 지금 어려운 상황이라면 더더욱 독서하기 좋은 타이밍일 수 있다. 그렇지 않더라도 독서 타이밍은 바로, 지금이다. 책을 읽지 못할 시간은 없다.

책을 읽다가 마음에 와 닿는 시가 있어 옮겨본다. 박성우 시인이 청소년을 화자로 등장시켜 쓴 시이다. 제목은 〈몸부림〉이다.

나의 지독한 몸부림이 누군가의 눈에는 그저 아름다운 풍경으로 비춰질 때가 있다 가령 물고기가 뛸 때다, 해 질 무렵 물고기가 튀어 오르는 것은 붉고 고요한 풍경에 격정적인 아름다움을 더하기 위해서가 아니다 그 것은 비닐 안쪽으로 파고드는 기생충을 털어내기 위한 물고기의 필사적인 몸부림이다 농부가 해 지는 들판에서 땅에게 허리를 깊게 숙이는 것 또한 마찬가지, 농부는 엄숙하고도 가장 서정적 인 아름다움을 더하기 위해 풍경으로 남아 있는 것이 아니다

깜깜한 어둠 속에서도 앞 다투어 빛나는 학교와 도서관과 공부 방 또한 마찬가지

우리는 지금까지 수많은 몸부림을 치며 살아왔다. 학교와 도서 관에서, 학원과 해외에서, 직장에서 이리저리 치이며 좀 더 잘 살아 보고자 몸부림쳐 왔다. 책을 읽는 것도 나와 당신의 몸부림이 될 수 있다. 워렌 버핏은 가장 짧은 시간에 당신을 바꿔 줄 방법은 독서라 고 말했다. 독서로 꿈을 꿀 수 있고 꿈을 미리 이뤄 볼 수 있다. 인생 에 독서하기 좋은 시간이란 없다. 다시 오지 않을 것이다. 지금, 바 로 오늘이 최적의 독서 타이밍이다.

2장

인생을 리드하는
0.1% 사람들의 비밀

성공한 사람들이 책을 손에서 내려놓지 않는 이유

물건을 사고 오만 원권으로 값을 지불했다. 잠시 후에는 오천 원권을 꺼냈다. 지폐에 그려진 인물의 얼굴을 스치듯 본다. 오만 원권에는 엄마 신사임당이, 오천 원권에는 아들 율곡 이이가 그려져 있다. 어머니와 아들이 한 나라의 지폐에 얼굴을 나란히 하고 있다니 대단하다는 생각이 든다. 조선 중기의 큰 학자인 율곡 이이 가문의 독서 비법 중 하나는 "평생 동안 책을 손에서 놓지 말라."는 것이었다. 세 살 때부터 수준 높은 독서 교육을 받은 그는 아홉 번 치른 시험에서 모두 장원급제를 했다. 하지만 율곡 이이는 시험을 위한 독서를 인정하지 않았고 진정한 독서를 통해 깨달음을 얻는 것을 중요시했다.

우리가 익히 알고 있는 세계 최고의 부자들은 모두 독서광이다.

마이크로소프트의 창업자 빌 게이츠, 투자의 귀재 워렌 버핏, 세계 최고의 투자 전문가 짐 로저스, 페이스 북의 창시자 마크 주커버그 등은 모두 지독한 독서광이다. 위대한 투자자들은 하루 일과의 30%를 독서하는 데 쓴다고 한다. 워렌 버핏과 빌 게이츠에게 한 가지 초능력을 가질 수 있다면 무엇을 원하느냐고 물었다. 두 사람 모두 세상에서 가장 빨리 책을 읽을 수 있는 능력을 원한다고 답했다. 그만큼 독서는 성공으로 가는 필수적인 요소임에 틀림없다. 성공한 사람들의 자서전을 읽거나 강연을 들어보라. 책을 제외하고는 그들의 성공 전략을 이야기할 수 없을 정도다.

독서는 단순히 경제적인 부를 넘어서 인간으로서 의미 있게 살아가기 위한 방법이다. 성공한 사람들이 책을 읽는 것은 부를 얻기 위한 목적만은 아니다. 독서는 시간을 투자해야 하고 생각도 깊이 해야 하는 느린 작업이다. 부를 위해서는 다른 더 좋은 대안들이 있을 것이다. 부는 결과적으로 따라온 것이다. 성공한 사람들은 독서에 대한 인식부터 다르다. 독서는 그들이 인생을 적극적으로 살아가기 위한 수단이었다. 미래를 위해 자신을 준비하는 과정이며, 현재에 더욱 충실하기 위한 행동이었다. 그들은 왜 그토록 책을 붙잡고 있었을까?

첫째, 그들은 보이는 것보다 보이지 않는 것에 집중했다. 보통 사람들은 돈, 성공, 이익과 같이 눈에 보이는 것을 중요하게 여긴다. 그러나 성공하는 사람들은 눈에 보이는 것 이상의, 보다 더 깊은 차원의 것을 탐구한다. 그것은 바로 꿰뚫어보는 힘, 통찰력이다. 그들은 책을 통해 세상과 사람을 깊이 이해할 수 있는 통찰력을 길렀다. 한 개인의 생각만으로는 아이디어가 고립되고 사고 역시 제한될 수밖에 없다. 세상을 바라볼 수 있는 시각은 책마다 각기 다르다. 한 권의 책을 이해하는 것은 하나의 세계를 이해하는 것과 같다. 따라서 다양한 책을 읽으면 여러 세상에 대한 이해력과 통찰력을 기를 수 있고, 다양한 관점으로 세상을 바라볼 수 있게 된다.

둘째, 책은 아이디어 창고이다. 성공하는 사람들은 지금 읽고 있는 책에서 무엇을 배울 수 있는가를 먼저 고민한다. 책을 읽으면서 우연히 의도하지 않았던 뜻밖의 발견을 하기도 하고, 가능성을 상상하기도 한다. 많은 책들을 통해 새로운 관점을 얻고 창조적인 생각을 하기도 한다. 독서는 중요한 사고 능력을 위한 기초가 된다. 독서를 통해 다양한 뇌의 영역들이 활발해지면 사고의 깊이가 깊어진다. 결과적으로 창의적인 사고를 할 수 있으며 다른 사람들과 다른 관점으로 문제를 해결하고 새로운 아이디어를 창출해 낼 수 있다.

셋째, 성공한 사람들을 간접적으로 만날 수 있다. 성공한 사람들의 책을 읽는다는 것은 일대일로 그들의 이야기를 듣는 것과 같다. 그들이 일생을 거쳐 겪어온 다양한 경험과 지식, 지혜를 쉽고 편하게 얻을 수 있는 가장 좋은 방법이 독서이다. 아무리 많은 경험을 한다 할지라도 세상의 모든 경험을 다 할 수는 없다. 시간도 능력도 한정되어 있다. 그러나 책은 그 모든 것을 다 뛰어넘을 수 있다. 저자의 생생한 스토리를 내 것으로 경험하고, 많은 깨달음을 얻을 수 있다. 실패를 줄이고 세월을 아낄 수 있다는 것은 크나큰 장점이다. 방송인 김제동은 자신의 서재는 사람을 만나는 곳이라고 했다. "책이 사람이니까요. 그래서 손에 잡히면 '아, 오늘은 이분하고 한번 이야기를 해보자.' 하는 그런 곳입니다." 저자와의 만남은 언제든 책을 통해 가능하다.

넷째, 독서는 힘의 원동력이며 실행력이다. 성공하는 사람들은 적극적인 독서를 한다. 열정으로 가득한 그들은 책을 읽으며 얻은 영감과 아이디어를 가지고 현실에서 시도하기를 즐긴다. 마음의 준비는 이미 되어 있으며, 책을 통해 자신감과 성공 예감을 사냥한다. 독서는 나에게 맞는 전략을 짜는 것과 같다. 저자의 스토리와 생각, 철학 등을 들으며 자신에게 맞는 적절하고 완벽한 전략을 세운다. 가만히 앉아서 생각만 한다고 일이 성사되지는 않는다. 전략을 통해 실천하는 힘이 가장 중요하다.

　마지막으로, 성공하는 사람들이 손에서 책을 내려놓지 않는 이유는 바로 독서 습관 때문이다. 하루 일과를 독서와 명상으로 시작하는 사람이 많다. 독서 습관을 기르기 위해서는 어린 시절부터 책을 가까이 하는 게 중요하다. 안계환 저자는 그의 책 『성공하는 사람들의 독서 습관』에서 성공한 사람들은 구체적인 목적이 있는 독서를 하는데, 그중 하나가 자녀에게 본보기를 보여주는 목적을 가지고 있다고 한다. 뛰어난 사람들의 집에는 늘 좋은 서재가 있었다. 독서를 성공의 수단으로 삼은 사람들은 어릴 때부터 책 읽는 습관이 몸에 배어 있었다. 부모님의 서재를 탐했고 하루 중 많은 시간을 독서하는 것으로 보냈다.

　우리는 대개 우리와 같은 수준의 사람들을 만난다. 회사에서도 그렇고 친구도 그렇다. 우리가 배우고 성장하기 위해서는 나보다 조금이라도 나은 사람을 바라보아야 하며 그들의 좋은 습관을 배워야 한다. 그들의 기본적인 성공 습관이 바로 독서다. 책 읽기를 통해 지식을 습득하고 시야를 넓혀가자. 아무리 책을 읽지 않는 사회라고 하지만 읽는 사람들은 더 많이 읽는다. 훨씬 많은 정보가 쏟아지기 때문이다. 읽지 않으면 결국 생존에서 뒤처진다. 지식뿐만 아니라 인생의 지혜를 배울 수 있고 사고도 넓힐 수 있다. 독서의 중요성은 이제 말하지 않아도 모든 사람들이 안다. 성공한 사람들이 책을 손에서 놓지 않는 이유도 바로 그것이다.

'배달의 민족'의 대표 김봉진 씨는 책을 많이 읽기로 소문이 자자하다. 그는 어린 시절에는 책을 잘 읽지 않았다. 디자이너로 10년 정도 일한 서른 중반부터 책을 보기 시작했다. 한번 사업에 실패한 후 그는 자신의 한계를 느꼈고 인생이 잘 안 풀리는 것을 경험했다. '잘 되는 사람들이 가진 습관을 따라해 보자.' 하고 살펴보니 그들은 모두 책에 대해서 말하고 있었다. 그렇게 시작한 책 읽기를 2년 정도 하니 확실히 달라졌다. 부모님과 아내, 아이들도 책을 읽기 시작했고 이야깃거리도 달라졌다. 그는 디자인, 마케팅, 브랜드를 넘어 경영, 경제 등 다양한 분야의 책을 섭렵했고, 사업과 일상이 변했다. 아이디어와 지식을 얻는 데에도 큰 도움을 얻었다. 그는 직원들에게 책값을 무제한으로 지원해준다. 월 2,500만 원 정도가 직원의 책값으로 나간다고 한다. 책이 직원들의 성장 동력이 된다고 생각하기 때문이다. 또한 사내 1인 독서실을 만들어 많은 직원들이 그곳에서 책을 읽기도 한다.

김봉진 대표의 이야기를 들으며 가장 먼저 든 생각은 '이 회사의 직원이고 싶다.'였다. 책을 좋아하는 나로서는 회사가 무제한으로 책값을 지원해주는 일만으로도 아주 행복한 일이다. 나 역시 전에 다니던 직장에서 1년에 50만 원 정도의 도서 구입비를 지원받았다. 약간의 과장을 섞어 직장 생활을 하는 동안 책을 살 때가 가장 행복했다. 방 전체를 바닥부터 천장에 이르는 큰 책장으로 꾸미고 책을 쌓아놓을 수 있는 멋진 서재를 갖는 것이 나의 꿈이다.

'리더는 리더다$^{All Leaders are Reader}$'란 말이 있다. 우리도 리더^{Reader}로서 리더^{Leader}가 될 수 있다. 당신은 지금 무엇을 손에 들고 있는가? 스마트폰? 서류? 이력서? 장바구니? 그것보다 더 중요한 것이 있다. 성공하는 사람들은 독서를 통해 인생의 해답을 찾았다. 다른 어떤 일보다 책이 자신에게 가장 소중함을 알고 있었고 이를 실천했다. 이제 읽는 자가 지배하는 세상이 된다. 내가 생각하는 대로 인생을 살아가기를 바란다면 우리도 그들처럼 책을 읽자. 책을 읽는 자만이 인생을 리드할 수 있다.

목적이
분명한
독서를 하라

대학생 K는 은행에 가기 위해 집을 나섰다. 가는 길에 보이는 쇼핑몰을 보니 마음이 동한다. 계절이 바뀌니 옷도 사야 하고 신발도 바꿔줘야 한다. 오늘은 스커트 하나만 사자고 다짐하고 쇼핑몰로 향했다. 여러 매장을 둘러보다 코트에 티셔츠, 구두까지 계획보다 많이 샀다. 결국 양손에 쇼핑백이 가득한 채로 집으로 향하다 은행에 가야 한다는 사실을 까맣게 잊어버렸다.

　직장인 Y는 책상에 앉았다. 다음 주에 있을 승진 시험에 대비하기 위해서다. 막상 앉았는데 집중이 되지 않는다. 잠시 메일을 확인하고자 컴퓨터를 켰는데 인터넷 뉴스만 벌써 한 시간째이다. 다시 집중하려는 마음으로 책상을 정리했다. 엉망인 서랍도 정리하고 전에 썼던 다이어리도 읽어본다. 그러다 보니 어느새 두 시간이 흘렀고 공부하고 싶은 마음이 사라졌다. 내일부터 시작하자며 자리를 박차고 일어선다.

당신도 이런 경험이 있지 않은가? 이들의 문제는 목적이 분명하지 않다는 것이다. 지금 내가 왜 이 일을 해야만 하는지에 대한 분명한 목적 말이다. 우리는 실생활에서 충동적인 생각과 느낌으로 행동을 결정할 때가 많다. "오늘은 공부할 기분이 아니야.", "날이 흐리니 아무것도 하기 싫어.", "오늘은 책을 읽을 기분이 아니야.", "비가 오니 오늘은 학원에 가지 말아야겠다."와 같은 말들이 그렇다. 공부할 기분이 드는 날만 공부하면 당신이 원하는 목표를 이룰 수 있을까? 책 읽고 싶은 마음이 자연스레 드는 날은 일 년에 과연 며칠이나 될까? 객관적인 기준 없이 느낌과 기분에 따라 자신의 행동을 결정하는 것은 우리 인생에 대한 무책임과 불성실함이다. 우리의 인생은 기분에 따라 살도록 의미 없이 만들어지지 않았다. 목적이 분명한 삶을 살아내는 것이 우리 인생의 과제이다.

책 읽기도 마찬가지다. 목적이 있는 책 읽기를 하면 내가 이 책을 통해서 얻어야 할 것이 분명해진다. 그러므로 그것을 얻기 위해 고군분투하게 될 것이다. 목적에 따라 책의 내용을 받아들이는 마음도 달라지고 책을 대하는 자세도 달라진다. 책을 내 것으로 만드는 기술도 달라진다. 목적이 분명해야 책이 내 삶에 녹아들고 체득되어 나온다.

우리는 왜 책을 읽어야 할까? 인생을 변화시키기 위해서 읽고 우리의 사고를 확장시키기 위해서 읽는다. 책으로 꿈을 찾기도 하고 지식을 배우기도 하며 업무 능력을 향상시키기도 한다. 우리가 책을 읽는 목적은 책을 읽고 성장하는 것이다. 귀찮고 힘든 과정일 수도 있지만 보다 나은 내가 되기 위해 우리는 책을 읽는다. 그렇다면 분명한 목적을 가지고 제대로 된 책 읽기를 시작해야 한다.

영국의 외교관이자 시인이었던 리턴은 목적이 없는 독서는 산책일 뿐 독서가 아니라고 말했다. 따라서 제대로 된 독서를 하기 위해서는 책을 읽기 전에 목적부터 정하자. 내가 왜 이 책을 읽어야 하는지, 이 책에서 내가 얻고자 하는 것은 무엇인지 정리하자. 왜 독서에 목적이 있어야 할까? 나는 과거에 목적이 분명한 독서를 하지 않았다. 읽는 것을 즐겼고 지식을 넓혀 가는 것이 좋았기에 그냥 읽었다. 흥미 위주로 읽고, 자기계발서도 "아 그렇구나." 하고 넘겼다. 결국 나의 독서는 슬럼프에 빠졌다. 운동선수가 목표가 없다면 운동을 계속할 수 있을까? 단순히 운동이 좋다는 이유만으로는 금방 지치게 될 것이다. 힘든 훈련을 체력과 정신력으로 이겨내는 것은 자신의 꿈이 거기에 있고, 원하고 바라고 이루고 싶은 목표가 있기 때문이다. 우리가 독서를 하는 이유도 이루고 싶고 얻고 싶은 목표가 있기 때문이다. 길을 빠르고 정확하게 찾아가기 위해서는 분명한 목적지가 있어야 한다. 목적이 없는 책 읽기는 당신의 소중한 시간과 노력을 허비하는 것과 다름없다.

유럽 여행을 해본 경험이 있다면 한 번쯤 미술관이나 박물관에서 헤맨 기억이 있을 것이다. 나 역시 유럽에서 박물관과 미술관을 관람했을 때, 규모가 크고 작품도 많아서 어느 곳을 어떻게 감상해야 할지 난감했었다. 유명한 박물관들은 여행 안내 책자에 자세히 소개되어 있어 이를 보며 쉽게 다닐 수 있었지만, 그렇지 않은 곳은 발품을 팔며 이곳저곳을 헤매느라 시간이 많이 걸렸다. 독서도 이와 같다. 제시 리 베넷은 "책은 인생의 험준한 바다를 항해하는데 도움이 되게끔 남들이 마련해 준 나침반이요, 망원경이요, 육분의요, 도표이다."라고 말했다. 목적이 없으면 내가 가야 할 길을 정할 수 없다. 나침반과 내비게이션이 있으면 바다 한가운데에서도 길을 찾을 수 있지만, 그렇지 않다면 길을 잃게 된다. 독서에 방향과 목적이 없으면 망망대해를 떠다니는 부유물이 될 뿐이다.

나는 책을 쓰기 위해 여러 종류의 책들을 읽었다. 독서에 관한 책을 쓰겠다는 목적을 가지고 책을 읽었더니 독서에 관한 내용이 계속 눈에 들어왔다. 관련 도서가 아니더라도 책 재료로 쓰기에 적합한 내용들이 자꾸만 의식되었다. 가방을 사겠다는 생각을 가지면 지나가는 사람들의 가방만 보인다. 이전에는 관심도 없었던 시계를 사겠다고 결심하니 TV에 나오는 연예인들의 시계도 보게 되고, 다른 사람의 시계부터 쳐다보게 된다. 책도 마찬가지다. 내가 읽고자 하는 목적이 명확해지면 관심 분야가 나의 레이더망에 포착된다. 그렇게 읽은 책은 나에게 200% 이상의 가치를 제공한다.

독서를 할 때 명확한 목표를 세우는 좋은 방법은 책을 읽기 전에 먼저 살펴보고 적는 것이다. 책 앞뒤 표지에 적힌 글도 읽어보고 작가의 프로필도 읽어본다. 목차도 읽어본다. 여기까지는 책을 살 때 누구나 하는 작업일 것이다. 거기에 10분 정도 책의 내용을 훑어보는 과정을 더한다. 마구 넘기는 것이 아니라 각 장의 소제목들을 중심으로 살펴보고, 관심 있는 내용을 중심으로 쭉 읽어본다. 그러고 나면 이 책이 무엇을 말하는지, 내가 이 책에서 얻을 수 있는 것이 무엇인지 대강 파악이 된다. 이제 책 맨 앞장에 목표와 비전을 적는다. "나는 이 책을 통해서 사업가의 성공의 법칙을 파악하고, 직장에 이를 적용한다. 그리고 3년 안에 사업을 확장한다." 이런 식으로 말이다. 책을 읽는 동안 내가 적었던 목표를 자주 보고 되새기며 읽는다. 그 목적에 따라 읽는다면 책을 덮는 순간 본문의 내용은 이미 당신의 것이 되어 있을 것이다. 나는 이 방법으로 많은 책들의 핵심 내용을 파악하는 데에 효과를 보았다. 훑어보는 과정만으로도 나의 의식은 중요한 것이 무엇인지 기억하고 모든 감각을 집중시킨다. 확실히 핵심 메시지를 파악하는 데 있어 큰 도움이 된다.

『서른 살 직장인, 책읽기를 배우다』의 구본준 저자는 책 읽기를 시작하면서 책을 소개하는 출판 담당기자가 되고 싶었다고 한다. 목표를 이루기 위해 책을 열심히 읽었고 덕분에 이를 성취했다. 그는 책 읽는 것 자체가 즐거움이고 공부이며 자기계발인데 월급까지 받으면서 일을 하게 됐으니 즐겁다고 말했다. 그는 분명한 목표가 있는 책 읽기로 성공 경험을 얻었다. 목표가 있고 자신이 원하는 바가 확실하다면 결정력은 물론 실행력도 성장한다고 그는 말한다. 지금 읽고 있는 책의 목적을 분명하게 정하자. 생존을 위해서도 좋고, 자기계발을 위해서도 좋다. 명확한 당신의 목적이 명확한 결과를 당신 앞으로 가져다줄 것을 기대하자. 세상 어디에도 목적이 없는 결과는 없다.

실천하지 않는 독서는 의미 없다

딸아이가 좋아하는 동요 중에 〈꼭꼭 약속해〉라는 동요가 있다. "너하고 나는 친구 되어서 사이좋게 지내자. 새끼손가락 손에 걸고 꼭꼭 약속해." 아이는 노래를 부르며 항상 새끼손가락을 걸고 약속을한다. 영상을 볼 때도 조금만 보겠다며 나와 자신의 손가락을 걸고이 노래를 부른다. 아직 어리지만 약속은 지켜야 하는 것임을 안다. 약속은 상대를 신뢰하기에 하는 것이고 서로에게 의미 있는 것이다.

이번 장에서는 독서와 실천에 대해서 이야기 해볼까 한다. 책을읽으며 '~해야겠다.'고 다짐한 적이 있을 것이다. '책을 많이 읽어야겠다, 역사 공부를 해야겠다, 새벽에 일찍 일어나야겠다.' 등 많은 종류의 결심이 있다. 그런데 얼마나 그 다짐을 지켰는가? 결단하고 시작해도 작심삼일에 끝나는 경우가 많다. 다짐은 자신과의 약속이다. 나 자신을 신뢰하는 것이고 나를 위한 의미 있는 일이다. 그러나 다른 사람과의 약속에 비해 자신과의 약속은 허무하게 저버리는 경우가 많다.

실천하는 독서는 자신과의 약속이며 다짐이다. 이어령 교수는 책을 읽은 후의 마음과 행동이 읽기 전과 달라지지 않으면 독서가 아니라고 했다. 제대로 책을 읽으면 작은 혁명이 일어난다고 말한다. 작은 혁명은 실천을 통해 시작되고 완성된다. 실천은 사전적 의미로 '생각한 바를 실제로 행함'이라는 뜻을 가지고 있다. 독서를 하면 반드시 생각하게 되고 마음의 소리를 듣게 된다. 우리는 그것을 행하면 된다. 실천이 있어야만 우리의 독서가 빛을 발한다. 완성될 수 있다. 책에서 깨달은 것 어느 것이든 좋다. 자신의 삶에 적용하고 싶은 것들은 무엇이든 행동으로 시작해야 한다.

실천에는 용기와 인내가 필요하다. 나는 절박함으로 책을 읽기 시작하면서 책에 대한 마음가짐이 달라졌다. 소극적이고 소심했던 나는 '두려움' 뒤에 숨어있던 '용기'를, '귀찮음' 뒤에 가려져 있던 '부지런함'을 사용하기로 했다. 무조건 배우고 무조건 실행한다는 것을 목표로 삼았다. 그러던 중에 읽었던 책이 임원화 저자의 『스물아홉, 직장 밖으로 행군하다』였다. 인터넷 서점에서 '스물아홉'이라는 단어를 검색했다. '스물아홉'이라는 검색어로 책을 고르면 30대의 인생을 어떻게 살아야 하는지에 대해 말해줄 것 같았다. 앞으로 무엇을 하며 살아야 할지, 다시 어떤 꿈을 꾸어야 할지 고민하던 때에 이 책을 만났다. 간호사였던 저자가 지금은 작가로, 강연가로, 코치로 살아가고 있음을 발견했다. 그녀의 책들을 다 찾아 읽고 책에 등장하는 인물들의 저서도 읽었다. 그것을 계기로 네이버 카페를 알게 되었고 책 쓰기에 도전했다. 그리고 이 책의 저자가 되었다. 한 번의 꿈조차도 가져보지 않았던 '작가'가 되었다. 책을 읽고 감동이 온 대로 행동했을 뿐이다. 도전을 두려워하지 않았고, 귀찮아하지 않고 생각한 대로 실천했을 뿐이다. 내가 카페에 가입하지도 않고 책 쓰기에 대해 알아보지도 않았다면 나의 삶은 이전 그대로였을 것이다. 그러나 나는 읽은 대로 실행에 옮겼다. 두려움도 많고 걱정도 많은 성격이지만 도전하기로 결정했고 결국 나는 나 자신과의 약속을 지켰다.

나는 적극적인 실천을 위해 과거의 나와 결별했다. 그리고 내가 원하는 대로 행동하기 시작했다. 우선 책을 읽고 독서 노트에 느낀 점과 깨달은 점, 나의 현재 상황, 적용할 점을 신중히 적었다. 깨달음이 있어도 적용을 대충 하면 실천할 부분이 드러나지 않는다. 나는 현재의 상황이나 내 마음의 상태를 들여다보며 실현 가능하고 쉬운 것부터 구체적으로 적용하기 시작했다. 예를 들면 '오늘 하루 10번 감사하기, 긍정에 관한 책 한 권 읽기, 꿈을 적고 10번 읽기' 등 계획은 구체적이며 정량적으로 측정 가능한 것이었다. 장기적인 큰 계획도 필요하지만 매일 해야 할 단순한 실천 사항들도 반드시 필요하다. 나는 임원화 작가의 책을 읽고 '나도 책을 쓰고 싶다. 책 쓰기 한번 해볼까?' 라고 느낀 점을 적었고, '카페 가입하고 글 읽기, 특강 참석하기' 등을 실천 사항으로 적었다. 꿈을 이룬 사람들은 하나같이 종이에 적는 것을 시작으로 한다. 읽은 책에서 적용하고 실천하고 싶은 것을 찾아내는 것이 중요하다. 별로 도움이 되지 않는다고 생각한 책에서도 한 가지는 찾을 수 있다. 적용할 점과 실천 사항을 찾는 것은 조금의 관심과 노력만으로도 가능하다. 그조차도 하지 않으면 당신과 내가 읽은 책은 광고 전단지보다 못한 것이 되어 버린다. 실천하기 위해서는 생각하는 것이 전제가 되어야 한다. 생각하고 결단해서 종이에 적어보자. 그리고 핸드폰 바탕화면에 적거나 눈에 보이는 곳에 붙여놓자. 나는 실천 사항들을 적고 핸드폰 카메라로 찍어서 바탕화면에 둔다. 눈으로 계속 보게 되면 잊지 않게 되고, 기억하면 꾸준히 행동할 수 있다.

많은 사람들이 책을 읽는 데에 그친다. 읽고 메모를 하더라도 적극적으로 사고하고 행동하는 사람은 드물다. 성공하는 사람들이 드문 이유다. 평범한 사람들이 성공한 사람들을 부러워하는 이유는 그들이 내가 하고 싶은 일, 즉 '성공'을 이뤄냈기 때문이다. 그러나 성공한 사람들과 당신의 차이는 행동으로 실천했느냐 하지 않았느냐의 단순한 차이로 귀결된다. 무엇이 우리의 실천을 방해하는 것일까?

첫째, 행동에 대한 두려움이다. 자신의 마음을 잘 돌아보자. 어떤 행동을 하기까지 두려운 마음도 있지만 사실 행동하기 귀찮은 마음이 더 크다. '내가 얼마나 잘 할 수 있을까? 내가 정말 바뀔 수 있을까? 나는 어려울 거야.'라고 생각하며 그 생각에 자신의 의지를 굴복시킨다. 그리고 실행을 미룬다. 이러한 생각들은 행동을 제한하는 부정적인 사고방식이다. 두려움, 귀찮음, 불신, 불안 등은 우리의 적극적인 실천을 방해한다. 부정적인 사고는 늘 걱정과 포기, 자기 위안만 줄 뿐이다. 긍정적인 사고가 우리를 긍정적인 방향으로 이끌 수 있다.

둘째, 아는 것을 실행한 것으로 착각한다. 사람들은 때로 머리로 아는 것을 자신이 행동하고 있다고 착각한다. 많은 자기계발서를 살펴보면 스토리는 다양하지만 핵심 내용은 비슷하다. "자기계발서는 다 똑같아. 맨날 그 소리야. 그래서 난 안 읽어."라고 말하는 사람들이 있다. 그들은 자기계발에 대한 지식을 머리로는 알고 있더라도,

전혀 행동하지 않는 사람들이다. 행동하지 않는 사람은 결코 달라질 수 없다. 스스로는 잘하고 있다고 생각할지 모르지만 삶은 전혀 변화가 없다. 한 권이라도 제대로 읽었다면 그들의 삶은 달라졌을 것이다. 배운 것을 반드시 실천하고 적용하려는 노력이 중요하고, 노력한 행동은 습관이 되어야 한다.

셋째, 스마트폰과 즐길 거리가 우리의 행동을 방해한다. 많은 사람들이 하루 종일 미디어에서 해방되지 못한다. SNS와 이메일, TV는 실행을 방해하는 가장 큰 어려움이다. 스마트폰과 미디어는 깊이 생각할 시간을 뺏는다. 생각하지 않으면 행동을 결심하고 이끌어낼 수 없다. 또한 미디어를 통해 받아들이는 정보의 양이 워낙 많다 보니 취사선택의 어려움에 빠지기도 한다. 정보의 중요도를 파악하는 데 낯설어하고, 적극적으로 행동하는 것보다 수동적으로 보고 듣는 것에 익숙해진다. 따라서 생각하는 것도, 생각을 행동으로 옮기는 것도 어려워진다.

넷째, 최종 목표만 있고 구체적인 계획을 세우지 않는다. '나는 사업가가 되겠다, 나는 작가가 되겠다.'는 목표만 가지고는 우리의 미래를 그릴 수 없다. 목표를 향해 나아가는 구체적인 계획이 필요하다. 사업가가 되기 위해서는 창업 아이템을 찾고 회사 경영에 관련된 지식을 습득해야 한다. 사업하는 사람들을 만나 경험담도 들어보고 실제 기획을 해보아야 큰 그림과 함께 세부적인 사항들을 계획

할 수 있다. 작가가 되기 위해서는 다양한 책을 읽고 많은 경험을 해보는 것이 필요하다. 글도 많이 써보아야 한다. 글을 쓰기 위한 콘셉트도 정해야 하고 삶에 대한 생각과 가치관, 사람에 대해서도 깊이 고민하고 연구해야 한다. 실제적이고 구체적인 계획이 없다면, 큰 그림만 가지고는 실천하기도 어렵고 꿈을 이루기도 어렵다는 사실을 기억하자.

빌리 선데이가 말했다. 많은 사람이 재능의 부족보다 결심의 부족으로 실패한다고. 독서의 핵심은 결심을 통한 실천이다. 실천하지 않는 독서는 결과 없는 독서나 다름없다. 책을 통해 앎이 있어야 행동이 일어나고, 행동이 있어야 앎이 완성된다. 실천하지 않으면 아무것도 아니다. 실천을 위한 가장 좋은 방법은 노트에 적고 결심한 대로 미루지 않고 시작하는 것이다. 항상 마지막에 일을 하는 사람이 있다. 그는 '마감이 최고의 동기'라고 말한다. 그러나 그것은 실천의 좋은 방법이 아니다. 깨달음을 얻었고 계획을 세웠다면 지금 바로 시작해야 한다. 결심을 행동으로 옮기면 행복해하는 자신의 모습을 가장 먼저 발견하게 될 것이다.

새벽독서로
하루를
시작하라

자신의 인생을 이끌어 가는 사람들의 공통적인 특징이 있다. 그 중 하나는 새벽 시간을 활용하는 것이다. 그들은 남들보다 하루를 빨리 시작한다. 『부자 되는 습관』의 저자 토마스 C.콜리는 223명의 부자와 128명의 가난한 사람들을 대상으로 습관을 조사했다. 부자들은 보통 출근하기 3시간 전에 일어나고 하루에 30분 이상 책을 읽는다. 88%의 부자들은 매일 30분 이상 책을 읽고, 가난한 사람들은 2%만이 책을 읽는다는 것이다. 부자들이 남들보다 하루를 일찍 시작하는 이유는 하루 중 아침 시간이 가장 효율적이고 생산성이 높은 시간이라고 생각하기 때문이다. 그들은 바쁜 일과가 시작되기 전에 하루를 미리 준비하고 명상과 독서, 신문을 읽는 등 여유로운 아침을 맞는다. CEO나 각계각층의 인사들이 조찬 모임을 갖는 이유이기도 하다. 실제로 아침에는 수면으로 충전된 에너지를 사용할 수 있으며, 창의력과 상상력에 관련된 우뇌 활동이 활발해지므로 책을 통해 정보를 수집하고 새로운 아이디어를 내는 데 효과적이라고 한다.

"일찍 일어나는 새가 피곤하다.", "일찍 일어난 벌레는 잡아먹힌다."는 우스갯소리를 들은 적이 있다. 웃으며 넘겼지만 일찍 일어나고 싶지 않으니 이런 농담을 만들어내는 것 아닌가 하는 생각에 씁쓸한 마음이 들었다. 나는 20대의 대부분을 새벽에 일어났다. 집은 인천이고 학교도 직장도 서울이었기 때문에 일찍 집을 나서야했다. 사람이 많은 출근시간을 피하기 위해 일부러 일찍 출발했다. 항상 놀라는 것은 첫차부터 사람들이 가득하다는 것이다. 많은 사람들이 이렇게 일찍 활동하는구나 생각하니 나도 그 시간을 놓칠 수 없겠다는 생각이 들었다. 지하철에서는 물론이고 한 시간씩 일찍 출근해 회의실에서 책을 읽었다. 가끔은 영어 학원에서 수업을 듣고 출근하기도 했다. 일찍 일어나는 게 습관이 된 나는 쉬는 날에도 새벽에 눈이 떠졌고 운동을 하거나 책을 읽었다. 그렇게 하루를 시작하면 몸도 마음도 개운하고 정신도 맑아진다.

나의 새벽 시간 활용에 대한 이야기를 들은 사람들은 한결같이 말한다.

"너는 참 부지런하구나."

"안 피곤해? 어떻게 그렇게 사니?"

"대단하다 정말. 네가 부러워, 나는 잠이 너무 많아서 못 하겠어."

하나같이 대단하다는 말들이다. 그러나 결코 대단한 일이 아니다. 자신이 시도해보지 않았기 때문이지 습관만 들인다면 누구나 새벽 시간을 잘 활용할 수 있다. 새벽이 얼마나 고요하고 적막한 시간인지 일찍 일어나 본 사람은 안다. 나만 알고 싶은 알맹이 시간이다. 고차원적인 정신활동을 하기에 좋으며 집중이 가장 잘된다. 새벽 2시간만 이용한다면 당신이 하지 못할 공부는 없고, 읽지 못할 책도 없다.

새벽에 하루를 시작하면 하루가 길다. 누구에게나 똑같이 주어진 24시간을 25시간, 26시간으로 활용하여 사용할 수 있다. 결국 새벽을 지배하는 자가 하루를 지배하게 된다. 아침에 일어나 책상에 앉기로 결심하고 시작한다면, 하루의 계획을 세우고 책을 읽으며 주도적으로 시간을 활용할 수 있다. 새벽이야말로 지키지 않으면 없는 것과 같은 시간이다. 그렇지 않은가? 일찍 일어나면 사용할 수 있는 시간인데, 그것을 사용하지 않고 시간이 없다, 바쁘다고 말하는 것은 핑계거리에 지나지 않는다. 가장 소중하고 가장 알찬 시간을 이부자리에서 도둑맞는 것은 정말 안타까운 일이다. 차라리 밤 시간을 내어주는 편이 나을 것이다. 누구에게나 남는 시간은 없다. 시간은 짜내는 것이다.

새벽 시간에 독서를 한다는 것은 놀라운 집중력과 몰입의 효과가 있다. 앞서 이야기했듯이 성공하는 사람들의 이야기에는 독서와 새벽 시간이 빠지지 않는다. '한국인간개발연구원'의 윤승용 회장은 39년 전 한국에서 처음으로 인간개발, 자기계발의 중요성을 깨닫고 연구원을 설립했다. 한 인터뷰에서, 그는 매일 새벽 4시에 일어나 한 시간 정도 명상과 기도를 한 후 2시간 정도 책을 읽는다고 밝혔다. 독서광이라 불리는 그는 책을 통해 인간 본연의 모습을 볼 수 있으며 경영과 인간의 관계도 알 수 있다고 말했다.

새벽은 누구에게도 방해받지 않는 시간이다. 스마트폰이 울릴 리도 없고, 단체 카톡이 올 리도 없다. 아이가 나를 찾을 일도 없다. 오로지 내가 해야 하는 일에만 집중할 수 있는 시간이다. 몰입은 자신의 존재도 잊을 만큼 하는 일에 빠져드는 상태이다. 한두 번 몰입을 경험하다 보면 몰입하지 못하는 시간이 답답하게 느껴진다. 깊이 있게 빠져 들어가는 경험은 몸과 마음이 깨끗한 새벽 시간에 더 잘 느끼게 될 것이다.

특히 직장인들은 출근 시간이 정해져 있기 때문에 새벽 시간을 늘릴 수는 없다. 다시 말해 마감이 있는 긴급한 시간이라는 뜻이다. 출근을 준비하기 전까지만 고정된 시간이므로 시간 안에 해야 하는 일들을 끝내기 위해서 몰입할 수 있다. 몰입이 즐거운 이유는 성취감과 행복감을 느낄 수 있기 때문이다.

　주부인 나는 아침에 아이가 깨기 전까지가 황금 시간이다. 독서하기 가장 좋은 시간이다. 내가 일찍 일어나면 일어날수록 나에게 주어지는 시간이 많다는 것을 알기에 그 시간을 허비할 수가 없다. 아이가 보통 7시~7시 반 사이에 기상하므로 그 전 시간 동안 나는 빠르고 효율적으로 일을 처리해야만 한다. 이렇게 데드라인이 있으므로 몰입이 더 잘되고 효과도 커지는 듯하다.

　몰입의 개념을 처음 제시한 칙센트 미하이의 『몰입의 즐거움』에는 일련의 명확한 목표가 앞에 있을 때 몰입할 가능성이 높다고 설명하고 있다. "게임을 할 때 몰입하기 쉬운 이유는 목표와 규칙이 명확히 설정되어 있어 무엇을 어떻게 해야 하는지 고민하지 않고 참여할 수 있기 때문이다."라고 말했다. 새벽 시간에 독서를 하면 시간적 규칙과 달성해야 할 목표가 있으므로 더 쉽게 몰입할 수 있게 된다.

　반면, 밤 시간은 너무 길다. 일찍 잠자리에 들지 않으면 더 길다. 시간이 많다고 일을 효율적으로 하거나 독서를 더 많이 하는 것은 아니다. 시간이 많을수록 마음도 느슨해지고 하는 일도 지지부진해진다. 그뿐만 아니라 피곤하기 때문에 책이 눈에 들어올 리 없다. 하루 동안 필요한 에너지를 이미 다 끌어다 썼는데, 무슨 수로 밤에 책을 읽고 공부를 할 수 있단 말인가. 사람마다 차이는 있겠지만 밤보다는 정신이 더 맑은 새벽을 독서 시간으로 정하라고 추천하고 싶다. 잠드는 시간을 한 시간만 당기면 된다. 굳이 2시간, 3시간씩 내지 못하더라도 30분만 일찍 일어나 하루를 시작해보자. 30분 동안 읽은 책이 당신의 마음과 생각에 꽂힐 것이며, 30분의 습관이 모여 기적 같은 일들이 일어날 것이다.

수많은 선택과 습관들이 우리 삶을 지배한다. 우리의 삶을 자신이 원하는 방향으로 이끌어 가기 위해서는 작은 습관부터 바꿔야 한다. 새벽독서로 하루를 시작하는 것은 어떤가. 새벽은 당신이 사용할 수 있는 시간 중 가장 고요하고 집중하기 좋은 시간이다. 당신만을 위해 온전히 몰입할 수 있는 당신만의 시간이다. 새벽 1시간의 효율은 낮 동안의 효율과 비교할 수 없다. 수많은 사람들이 단꿈을 꾸며 자고 있을 때 새벽독서로 꿈을 꾸고 성공을 그려보자. 새벽 시간만큼 독서의 영향력을 강력하게 발휘할 수 있는 시간은 없다는 것을 잊지 말자. 새벽을 여는 사람만이 앞서갈 수 있다.

틀에 갇힌
사고방식에서
벗어나라

사람은 누구나 고정관념을 가지고 있다. 어떤 집단의 사람들을 생각할 때 단순화되고 일반화된 생각이나 신념을 고정관념이라 한다. 남자와 여자의 성 정체성에 대한 고정관념, 의사나 교사, 군인 등 특정 직업군에 대한 고정관념 등이 있다. 사람은 나이가 들면서 자신의 경험이 만든 사고의 틀에 갇히게 된다. 내가 경험한 것만 이해하고 믿는다. 자신이 만든 외적인 통념에 의해서 스스로를 가두며 의기소침해지기도 한다. 생각이 유연해지지 않고 다양한 것들을 받아들이지 않아서 편향될 수밖에 없다.

독서 또한 그렇다. 자신이 좋아하는 분야만 보고 다른 분야는 관심도 주지 않는 사람들이 있다. 그러나 한 분야의 책만 보면 우리의 사고는 좁아지고 어느 한쪽으로 치우칠 수밖에 없다. 한곳에 치우칠수록 다른 것들을 받아들이는 능력이 떨어지고 오랜 시간이 걸린다. 틀에 박힌 사고방식에서 벗어나려면 다른 분야의 책을 읽어서 자신의 경험과 생각의 폭을 넓혀야 한다. 그러면 당신의 사고 능력이 확장된다. 아는 만큼 보이는 것이다. 다양한 간접경험을 통해 틀에 박힌 사고방식에서 벗어나는 것이 중요하다.

얼마 전, '독서바람 열차'에 대한 인터넷 기사를 보았다. 문산에서 용문까지 운행하는 열차에 마치 도서관처럼 책을 구비해 둔 것이다. 열차 맨 뒤 칸에는 4개의 책장 속에 500권의 도서와 전자책이 있다. 낮과 밤에는 책을 읽는 독서가들로 열차가 붐빈다고 한다. 2시간이 넘는 이동 시간을 스마트폰 대신 독서로 채우기를 희망한다는 뜻을 담아 '독서바람 열차'라고 이름 붙여졌다.

누구나 자신의 책을 가지고 다니며 읽을 수는 있다. 그러나 열차에 책을 마련해 놓고 독서하기를 장려하는 것은 생각지도 못했다. 누군가 생각을 조금 다르게 했을 뿐인데 긍정적인 다른 결과가 나왔다. 이는 결코 틀에 박힌 생각으로는 할 수 없는 것이다. 조금 비틀고 조금 달리 했을 뿐인데 창의적이고 독특한 생각이 실현되었다.

쑤린 저자의 『어떻게 인생을 살 것인가』에는 하버드대의 총장이

혁신 능력에 대해 다음과 같이 정의한 것이 나온다. "혁신 능력이란 남과는 다른 각도와 시선으로 다른 사람은 미처 생각하지 못한 방법을 생각해내고, 다른 사람은 하지 못한 일을 해내는 능력입니다. 하버드대의 교육은 학생의 이러한 능력을 이끌어 내 그들이 새로운 시선과 새로운 사고방식으로 문제를 바라보고 사회적 가치가 있는 성과를 만들어낼 수 있도록 하는데 중점을 두고 있지요."

남과는 다른 각도, 다른 시선, 다른 방법을 찾는 것이 중요하다. 다른 사람이 생각하지 못한 것을 생각하는 것, 다른 사람이 하지 못할 일을 내가 해내는 것, 그것이 바로 혁신능력이다. 그러나 획일적이고 튀는 것을 자제하며 같은 모양으로 찍어내는 교육을 받은 우리는 남과 다르게 사고하기를 어려워하며 또한 즐기지 않는다. 자신도 모르게 그것이 편하고 자연스러워진 것이다. 이런 교육은 생각과 아이디어를 제한하게 된다. 우물 안 개구리로 평생 살아가게 될지 모른다. 그렇다면 틀에 갇힌 사고방식에서 벗어나려면 어떻게 해야 할까?

첫째, 다양한 주제의 책을 읽는 것이다. 윌리엄 워즈워스는 "책은 한 권 한 권이 하나의 세계이다."라고 말했다. 여러 분야의 책을 통해 다양한 세계를 접함으로 우리의 생각과 사고의 틀을 확장시킬 수 있다.

김밥 파는 CEO 김승호 씨는 그의 저서 『생각의 비밀』에서, 사장 일을 하면서 공부할 것이 늘어나 회계학, 금융학, 경제학, 인문 교양 등 많은 지식을 공부했다고 말했다. 그런데 이런 공부가 실제 사업과 삶에 적용되기 위해서는 역사와 지리가 중요하다고 한다. 그는 역사와 지리를 공부하지 않고서는 절대로 냉철한 현실 판단을 할 수 없다고 했다. 여러 가지 학문을 공부하면서 자신의 틀을 깨고 그를 토대로 깊은 사고를 할 수 있었을 것이다. 자신의 사업에 필요한 학문만 공부하는 것이 아니라 여러 관련된 학문도 함께 익힘으로써 틀에 박힌 사고방식에서 벗어날 수 있게 된 것이다.

둘째, 한 주제에 대한 책을 읽었다면 같은 주제를 이야기하는 다른 저자의 반론이 담긴 책을 읽는 것이다. 그러면 양쪽의 주장을 듣고 사고할 수 있다. 자신의 생각은 어느 쪽에 가까운지, 상대의 의견은 어떤 점이 오류이고 왜 타당성이 떨어지는지 등에 대해 생각하는 것이다. 비판적으로 읽는 것뿐만 아니라 나의 생각을 정리하는 것이 중요하다. 1차적으로는 저자의 주장을 듣고, 2차적으로는 저자의 생각을 뛰어넘어야 한다. 3차적으로는 내 삶에 적합한 것을 적용하고, 나만의 것을 만들어 내는 것이 중요하다. 배우고자 하는 마음으로 겸손히 읽되, 저자의 생각에 무조건 동의하지 말고 반론을 넘어 새로운 것을 만들어 보자. 그것은 틀에 갇히지 않고 자유롭게 사고해야 이루어질 수 있다.

　셋째, 남과 다른 독서를 해야 한다. 베스트셀러 위주의 독서, 쉽고 편한 책만을 읽는다면 남들과 똑같이 생각하는 것이다. 자신의 생각에 혁명을 일으키기 위해서라도 어렵고 수준 있는 책을 보는 것이 중요하다. 최진 저자의 『대통령의 독서법』에 따르면, 노무현 전 대통령은 형의 고시 책들을 보면서 내용도 모른 채 소리 내어 읽었다고 한다. 어려운 책을 읽으면 집중력과 독해력이 발달한다. 처음엔 어렵지만 시간이 지나면 익숙해져 술술 넘어가게 된다. 이는 생각하고 분석하는 힘을 길러주며 독서력을 높여준다고 한다. 노무현 전 대통령은 그렇게 읽으면서 남과 다른 생각을 할 수 있는 힘을 길렀다.

　교보문고를 세운 신용호 회장은 서울 한복판에 서점을 짓겠다는 확신을 가졌다. 서점 대신 상가를 분양해 임대료를 받자고 주장하는 많은 사람들의 반대에 부딪혔지만 그는 절대 뜻을 굽히지 않았다. 3년 동안의 폭발적인 독서를 통해 자신의 인생을 개척함은 물론, 독창적으로 교육보험을 개발해 보급했다. 누구나 공평하게 교육을 받을 수 있도록 돕기 위해 처음으로 교육에 보험을 도입한 것이다. 그리고 차별 없이 누구든 책을 읽을 수 있도록 서점을 세웠다. "사람은 책을 만들고 책은 사람을 만든다."는 말은 지금도 감동이 되는 철학이다. 그가 자신의 계획대로 사업을 진행했다면 성공한 기업가로 끝이 났을지도 모른다. 그러나 그는 생각을 달리하여 민족자본가가 되기로 결심하고 그대로 실행했다. 책을 통해 생각이 변하고 의식이 확장되어 자신의 틀에서 벗어날 수 있었던 것이다.

책은 한 사람의 가치관과 사고방식을 변화시키는 힘이 있다. 자신의 관심 분야에만 집중하면 새로운 통찰력과 아이디어를 얻기 어렵다. 찰스 핸디는 새로운 통찰과 새로운 아이디어를 얻으려면 자신의 전문지식 분야에서 과감히 탈피해야 한다고 말했다. 틀에 갇힌 사고방식에서 벗어나려면 이를 항상 염두에 두어야 하겠다.

자신의 한계는 자신이 설정하는 것이다. 틀에 갇힌 사고방식에서 벗어나자. 누군가의 상식이 당신에겐 비상식이 될 수 있고, 당신의 상식이 다른 사람에겐 비상식이 될 수 있다. 자신의 견고한 틀에 갇히지 말고 다른 사람과 달리 생각하는 습관을 들이자. 단 몇 번으로 우리의 틀이 깨지지 않는다. 꾸준히 다양한 분야를 익히고 습득하며 생각의 범위를 늘려나가면 독창적이고 창의적인 생각이 갓 튀겨낸 팝콘처럼 톡톡 튀어오를 것이다. 같은 세상에 살고 같은 사물을 보지만 남들과 다르게 볼 수 있는 안목을 갖추는 일이 우리와 우리의 미래를 더욱 특별하게 만들어 줄 수 있다. 이 도전에 함께하지 않겠는가.

독서를
자아실현의
수단으로 생각하라

요즘은 스펙이 중요한 시대라 많은 사람들은 자신의 이력서에 한 줄이라도 더 추가하기 위해 애를 쓴다. 대학생 때는 취업을 위한 스펙을 쌓는다. 인턴에, 어학연수에, 자격증까지 할 수 있는 것은 다 해본다. 취업에 성공한다고 끝이 아니다. 직장에서도 자신의 역량을 높이기 위해 많은 강의나 프로그램에 참여해야 하고 어학원에 다녀야 하며 심지어는 대학원에 진학하기도 한다. 사회도 우리에게 그렇게 하기를 요구하고 딱히 다른 방법이 없는 우리는 효과나 효용성에 상관없이 후속 업그레이드 프로그램 속으로 들어간다.

나도 그랬다. 대학에서는 화학을 전공했지만 전공과 상관없는 금융계 회사에 취직했다. 회사 일이 재미없었기에 퇴근 후 일주일에 세 번씩 영어 학원을 다니고 다른 취미 활동을 하는 것으로 만족을 삼았다. 그리고 몇 년이 지나선 교사가 되고 싶은 마음에 교육 대학원에 진학했다. 낮에는 일하고 저녁에는 대학원에 갔다. 밤 늦게까지 독서실을 다니며 공부했다. 2년 반 동안 교육학을 공부했고 공부하는 동안은 즐거웠다. 졸업과 동시에 교원 자격증을 취득하긴 했지만 나의 역량이나 능력이 지극히 높아졌다고 생각하지 않는다. 겸손해서가 아니라 실제로 그렇다. 대학원에 다니면서 등록금도 많이 들었고 시간과 노력도 많이 들였지만 생각만큼 효과적인 결과를 얻지는 못했다. 그것보다 더 좋은 방법이 있었음을 알았다면 다른 방법을 택했을 수도 있다.

자기계발을 위해 학원이나 대학원, 각종 세미나에 참석한다고 하자. 비용이며 시간은 독서의 그것과 비교할 수 없을 정도다. 유명한 강사의 강의를 들으려면 몇 달간 기다리는 것은 기본이며 더 많은 비용을 지불하기도 한다. 그럼 대학원에 진학하거나 세미나, 강의를 듣는 사람은 다 성공하는가? 그렇지 않다.

내가 당신에게 권하고 싶은 자기계발의 최고의 방법은 바로 독서이다. 물론 독서로 자격증을 대신할 수는 없다. 자격증이 필요하다면 자격증을 따야 한다. 그러나 학위나 자격증이 목표가 아니라면 독서만으로도 충분히 인생의 모습을 바꿀 수 있다. 독서만큼 효용성이 있는 자기계발은 없다. 아무리 좋은 강의를 듣는다 해도 자신이 복습하고 익히기 위해 노력하지 않고 시간을 들이지 않으면 발전하지 않는다. 그 시간과 노력을 책 읽기에 쏟아보는 건 어떨까. 세계적인 경영인, 석학, 위인들의 풍부한 지식과 다년간의 경험을 얻을 수 있으며 당신의 사고력도 커질 수 있다. 전문가의 지식과 소양을 가질 수 있다. 그것은 곧 회사나 사회에서 인정받을 수 있는 능력이 되고 꿈을 이룰 수 있는 발판이 되는 것이다. 너무 거창한가? 아니다. 꾸준히 읽은 책은 분명히 당신의 역량을 바꾸고 삶을 변화시킬 것이다.

"다른 사람이 쓴 책을 읽는 일로 시간을 보내라. 다른 사람이 고생한 것을 보고 배우는 것으로써 쉽게 자기를 개선시킬 수 있다."고 소크라테스는 말했다. 실제로 책을 써보니 책 한 권 쓰는 일이 얼마나 어려운 일인지 알 것 같다. 방대한 지식이 담긴 전문서나 지혜가 담긴 글을 쓰는 일은 더욱 그럴 것이다. 다른 사람들이 공들여 쓴 책을 읽는 것만으로도 우리는 그들의 경험과 노하우를 손쉽게 얻을 수 있다. 그들이 오랜 시간 동안 쌓아온 지식과 지혜를 내 것으로 가져올 수 있다. 세상의 어느 누가 자신의 지식과 경험을 대가 없이 그렇게 쉽게 나누어 줄 수 있겠는가. 그들이 공부하고 쌓아온 것, 겪은 시간을 그대로 지내라면 그럴 수 있을까? 절대 그런 선택을 하지는 않을 것이다. 그래서 책은 단돈 만 원으로 얻을 수 있는 최고의 가치이다.

내가 회사를 그만둘 때 주변 동기와 선배들이 다시 생각해보라고 말했다.

"네가 아직 미혼이라 모르겠지만 결혼하면 이보다 더 좋은 직장은 없어. 야근도 많지 않고 시간이 흐를수록 일도 적응되어 그리 힘들지 않을 거야. 내가 다른 직장도 다녀봐서 알아."

많은 사람들이 나를 설득했다. 그때 한 선배가 했던 말이 생각난다.

"퇴사 결정을 할 수 있다니 대단하다. 넌 아직 젊으니까 괜찮을 거야. 사실 나도 회사를 그만두고 싶지만 지금 그만두면 마땅히 할 일이 없기 때문에 그냥 다니는 거야."

경력이 10년 정도 된 선배가 그런 말을 하다니 한편으로는 씁쓸하고 다른 한편으로는 안쓰러웠다. 직장인들의 마음이 대부분 그렇지 않을까 생각한다. 즐겁지도 행복하지도 않지만 다른 대안이 없어서 일을 해야만 하는 상황 말이다.

만약 회사를 다니면서 자기계발에 더 힘쓴다면 어떨까? 회사가 요구하는 일과 업무에 나를 맞추는 것이 아니라, 내가 상상하고 바라는 나의 모습을 내가 만들어가는 것이다. 더 멋지지 않은가? 나는 영어가 필요해서 영어학원에 다닌 것이 아니었다. 제대로 된 영어회화를 구사하고 싶다는 나의 꿈 때문이었다. 지금도 영어는 어렵지만 그럼에도 내가 하고 싶고 되고 싶은 나를 꿈꾸며 다녔기에 학원가는 일이 오히려 즐거웠다. 남들은 회사 끝나고 지치지 않느냐고 했지만 그 시간이 오히려 내겐 즐거움의 시간이었고 에너지가 충전되는 시간이었다. 인생을 살면서 후회되는 순간이 언제냐고 묻는다면 나는 퇴사했을 때라고 말할 것이다. 그렇게 다니기 싫었던 그곳을 내 꿈을 실현할 수 있는 꿈의 터전으로 만들지 못한 것이 못내 아쉽다. 업무와 관련하여 책도 읽고 지식도 쌓아 나의 능력을 끌어올릴 수 있었다면 그렇게 아무런 준비 없이 회사를 나오지는 않았을 것이다. 책이 최고의 자기계발 수단이라고 주장하는 이유는 바로 이러한 이유에서이다.

당신은 '되고 싶은 나'의 모습이 있는가? 생각보다 꿈이 없는 사람이 많다. 나도 한때는 그랬다. 그 누구도 우리의 꿈에 대해서 말해주지 않는다. 꿈을 찾으라고 말하지만 어떻게 하는 것인지 구체적으로 가르쳐주는 사람은 없다. 생각하는 대로 살지 않으면 사는 대로 생각하게 된다는 명언을 익히 들어 알 것이다. 책을 읽으면 생각하게 된다. 끌리는 책들을 찾아 읽는 과정에서 자신이 원하는 것이 무엇인지 생각하며 읽게 된다. 생각을 통해 당신은 꿈을 갖게 될 것이다. 꿈이 생기면 이제 시작이다. 아무도 알려주지 않았지만 성공한 사람들은 독서를 통해 자아실현을 꿈꿨다.

나는 내 꿈을 정확하게 정의하지 못한 채로 살았다. 나는 가르치는 일을 좋아한다. 그래서 교사가 되기 위해 자격증을 땄다. 이야기를 들어주고 상담하는 일도 잘한다. 사람들에게 나의 스토리를 들려주며 동기부여해주는 일도 하고 싶었다. 이러한 삶이 어떤 삶인지 몰랐기에 이렇게 살 수 있을 거라 생각하지 않았다. 그러나 한 권의 책으로 내 꿈을 정의할 수 있었다. 그것은 바로 브랜든 버처드의『메신저가 되라』라는 책이었다. 이 책을 읽고 내가 꿈꾸는 삶이 메신저로서의 삶이라는 것을 깨달았다. 내 꿈은 나의 스토리로 사람들과 소통하고 경험과 지식으로 가치를 창출해내는 일임을 알았다. 그때부터 나는 메신저와 관련된 책을 읽고 강의를 듣기 시작했다. 책을 통해 더 많은 지식과 경험들을 배워나가고 있고 지식창업자로서 성장하는 나를 기대하며 매일 멋진 메신저를 꿈꾼다. 나는 독서를 통해 꿈을 찾았다고 분명하게 말할 수 있다.

『피터 드러커, 그가 남긴 말들』에 보면, 진정한 프로페셔널이란 무엇인지 세 가지로 말하고 있다. 첫째, 내가 어떤 사람으로 기억되고 남고 싶은지에 대해 스스로 질문해야 한다. 둘째, 자신이 성숙해짐에 따라 그 대답도 바뀌어야 한다. 셋째, 진정으로 가치 있는 일은 사는 동안 다른 사람의 삶에 훌륭한 변화를 일으키는 것이다.

독서를 통해 당신이 어떤 사람이 되고 싶은지 생각해보자. 그리고 어떤 사람으로 기억되고 남고 싶은지에 대해 스스로 질문해보자. 답을 얻었다면 이제 책 속 인물들의 경험과 노하우를 배우고 그들의 지혜를 익히는 일이 남았다. 꿈이 더욱 생생하게 그려질 것이다. 독서를 통해 끊임없이 성장하고 성숙하는 삶은 얼마나 행복할까. 그리고 그 행복으로 다른 사람의 삶에 변화를 이끌어내는 사람이 되는 것이다. 이 모든 일에 책이 훌륭한 수단이 될 것이다. 당신의 미래에 투자하라. 책 읽기만 집중해도 당신은 성장하고 성공한다. 책이 당신의 길을 탄탄하게 만들어 줄 것이기에 기대감으로 그 길을 걸어갈 수 있다.

다른 사람의
경험에서
배운다

2016년 11월을 기준으로 세계 인구는 약 74억 6천 명에 달한다. 대략 74억 개의 인생이야기가 있는 셈이다. 우리나라만 해도 생김새는 비슷하지만 생각도 가치관도 사는 모양도 다른 5천만 명의 사람들이 있다. 모두에게 주어진 인생은 공평하게 하나이고 경험할 수 있는 삶도 제한적이다. 인생을 살아가는 데 필요한 조언을 해줄 수 있는 사람도 부모님이나 친구, 선생님, 선배 등 일부이다. 수많은 성공한 CEO나 투자가, 전문가, 지식인, 역경을 이겨낸 사람들을 만나기란 쉬운 일이 아니다. 그러나 책은 이것을 가능하게 한다. 우리가 쉽게 만나지 못하는 사람들의 인생이야기를 들을 수 있고, 그들의 실패와 성공담, 가치관, 철학 등을 듣고 배울 수 있다.

컨설팅을 받아본 적이 있는가? 어떤 분야의 전문적인 지식을 가진 사람이 다른 사람에게 필요한 정보와 지식을 주며 길을 안내하는 것이다. 부동산, 창업, 입시, 유학, 취업, 웨딩, 학습, 금융, 재무 등 여러 분야의 다양한 컨설팅이 존재한다. 컨설팅을 통하면 훨씬 쉽고 빠르게 길을 찾을 수 있다. 그들의 지식과 경험, 노하우를 살 수 있기 때문이다. 이 시대의 많은 청년들이 멘토링을 원하는 이유도 동일하다. 앞서 산 사람들의 조언은 현재를 사는 사람들이 좀 더 수월하게 길을 갈 수 있도록 도와준다. 마쓰오카 세이고는 "책에는 수많은 사람의 드나듦이 있다."고 말했다. 책은 수많은 사람의 드나듦을 보다 손쉽게 얻을 수 있는 통로이다. 독서야말로 간접경험을 할 수 있는 최고의 도구다.

평소 여행을 좋아했던 나는 여행기를 자주 읽었다. 회사를 다니면서 떠날 수 없는 나의 처지를 안타깝게 여기며 다른 사람들의 여행기를 통해 위로를 얻곤 했다. 특히 김남주 저자의 『소심하고 겁 많고 까탈스러운 여자 혼자 떠나는 걷기 여행2』이란 책을 읽고 난 후부터 혼자 하는 여행에 대한 꿈을 꾸었다. 이 책은 제목 그대로 소심하고 겁 많은 여자가 혼자 스페인 산티아고 길을 여행하며 쓴 책이다. 산티아고는 예수의 제자 야곱이 복음을 전하기 위해 걸었던 길로, 이후 순례자의 길이 되었고 1993년 유네스코 세계문화유산으로 지정되었다. 그녀는 36일 동안 800Km나 되는 산티아고를 두 다리에 의지해 걸었다. 무거운 짐을 지고 잠자리도, 먹을 것도 편치 않은 길을 홀로 걸었다. 책을 읽는 동안 나도 저자와 함께 여행을 하고 있었다. 그녀가 걸었던 길을 같이 걷고 있었고, 그녀가 느낀 감정 그대로를 느끼고 있었다. 고통과 힘겨움을 넘어 기쁨과 감사를 얻는 것도, 가지려고 했던 모든 것들을 내려놓고 작은 배낭 하나에 의지해 걷는 것도, 사람들의 따뜻한 배려 속에 힘을 내는 것도, 외롭지만 함께 길을 걷는 사람들이 있기에 버틸 수 있는 것도, 힘들지만 걸어야 하는 목표가 있기에 걷는 것도 모두 그녀의 이야기를 통해 느끼고 배울 수 있었다. 책에 푹 빠져 읽는 동안 나는 어느새 산티아고 길을 걷고 있었다. 그리고 나는 다음 해 홀로 유럽 여행을 떠났다.

평범함을 원했고 안정을 원하던 나였기에 여행가가 될 만한 모험을 택하진 않았다. 그러나 그녀의 책을 통해 나는 자유를 얻었고 인생을 배웠다. 홀가분해짐을 느꼈다. 여행가로서의 삶을 작게나마 경험할 수 있었다. 그 뒤로 떠난 유럽 여행에서 여행의 매력을 제대로 느낄 수 있었고 행복이 무엇인지 크게 깨달았다. 그녀의 이야기 덕분이었다.

당신에겐 어떤 경험이 있는가? 책을 통해 다른 사람의 인생을 겪어본 경험이 있을 것이다.

가볍게 읽을 수 있는 여행기는 물론 실용서, 자기계발서, 문학 등 모든 장르의 책은 우리가 다 경험할 수 없는 세상의 조각들을 보여준다. 어느 작가의 인터뷰에서 "작가는 모든 것을 경험할 수 없다. 경험을 가진 사람을 만나기도 하고 책으로 경험을 얻기도 한다."는 기사를 본 적이 있다. 많은 사람들의 인생을 다루는 작가도 책을 통해 배운다. 우리가 경험을 얻을 수 있는 간단하지만 중요한 방법이 독서라는 것이다.

개인의 일생이 담긴 자서전 또한 우리에게 많은 힘과 용기를 준다. 자서전은 한 사람의 일생이 글로 담겨 있어 오랜 시간 동안 그 사람이 살아온 흔적을 느낄 수 있다. 그의 어린 시절, 겪었던 사건들, 살아오면서 감내해야 했던 고난들, 성공의 경험들, 그리고 메시지까지 우리는 고스란히 배우고 체득할 수 있다. 자서전은 저자가 이미 자신의 삶을 돌아보고 정리해 놓은 인생의 핵심 메시지이다. 몇십 년에 걸친 인생을 단 한권의 책으로 다 설명할 수는 없겠지만, 농축된 경험과 아이디어, 집약된 인생 기술을 한 권의 책에서 얻을 수 있다. 저자가 경험한 것보다 훨씬 쉽고 간단하게 말이다. 엔도 슈사큐는 "나에게 있어 독서의 즐거움 중 하나는 다른 사람의 인생을 사는 일, 타인이 되는 기쁨일지도 모른다."라고 말했다. 아무런 위험 없이 다른 사람의 인생을 살 수 있는 일은 얼마나 즐거운가. 자서전을 통해 다양한 삶을 미리 경험할 수 있고, 나와 비슷한 경험을 타인의 시각으로 읽을 수도 있다.

가장 큰 장점은 실제로 만나기 어려운 사람들의 이야기를 들을 수 있고 그들의 경험을 내 성장의 발판으로 삼을 수 있다는 점이다. 성공하는 사람들은 다른 사람의 자서전을 읽는 것을 중요하게 생각한다. 자신의 실패를 줄일 수 있고 성공 경험을 먼저 살 수 있기 때문이다. 우리는 성공한 사람들의 앞선 경험에서 자신을 성장시키는 데 필요한 것들을 배운다. 또한 목표를 향해 가는 시간과 실패를 줄일 수 있다. 책으로 먼저 경험하고 지식을 쌓은 후 실생활에 적용하고 체험하면 아무 것도 없는 상태로 시작하는 것과는 확연히 다른 결과를 얻을 수밖에 없다. 자신의 경험만으로 부족한 부분을 채울 수 있는 것이 바로 책이다.

오토 폰 비스마르크는 "현명한 사람은 다른 사람의 경험에서 배우고, 어리석은 사람은 자신의 경험에서만 배운다."고 말했다. 우리가 경험할 수 있는 삶은 한계가 있다. 내가 배운 지식과 직접 겪은 경험만을 고집한다면 스스로가 만든 한계 안에 갇혀 벗어나지 못할 것이다. 다른 사람의 이야기를 단순히 듣는 것만으로는 역시 얕은 지식과 경험의 한계에서 벗어나지 못하게 된다. 독서는 경험의 폭을 넓혀줄 뿐만 아니라 지식의 깊이를 더한다. 책 한 권에는 고민하고 연구한 저자의 흔적과 지식이 담겨있다. 홀로 배우고 연구하기에는 우리에게 필요한 지식과 지혜가 너무 많다. 책을 통해 더 많은 지식과 경험을 배우자. 나 혼자 만들어 가는 것과는 차원이 다른 결과가 따라오게 된다. 책을 통해 자신의 것을 만들어 가는 사람이 현명한 사람이다.

살아가는 동안 우리는 많은 고민과 선택의 순간을 맞이한다. 다른 사람들의 조언이 필요한 순간이 찾아온다. 책은 우리에게 길을 제시해 준다. 다른 사람들이 먼저 겪은 실패와 성공의 방법을 통해, 다양한 경험에서 나온 메시지를 통해 충분한 경험과 노하우를 배울 수 있다. 다른 사람의 인생을 살아볼 수 있다. 내가 겪기 어려운 일들을 겪어볼 수 있다. 책을 통해 다른 사람의 경험을 배움으로써 내 생각과 내 삶과 내 가치를 높일 수 있다. 인생을 리드하는 사람들은 다른 사람들의 경험에서 배운다.

좁고 깊게 그리고 넓고 얇게 읽는 법

독서,
뇌과학을
이용하라

지금 당신의 뇌는 활발하게 움직이고 있는가? 그렇다. 책을 읽는 이 순간, 당신의 뇌는 분명 활발하게 움직이고 있다. 우리가 책을 읽을 때 뇌는 활성화된다. 뇌는 사용하면 할수록 더욱 많이 발달한다. 가족이나 친한 친구의 전화번호를 기억하는가? 솔직히 나도 부모님과 동생, 남편의 전화번호 외엔 기억하지 못한다. 외우려는 시도조차 하지 않았다. 원래 기억력이 좋았던 것은 아니지만 출산 후에는 기억력이 더 떨어진 느낌이다. 호르몬 변화가 원인일 수도 있고 출산 전보다 두뇌를 쓰는 일이 적어서 기억력이 감퇴되었다고 느낄 수도 있다. 뇌를 쓰지 않으면 쓰지 않는 뇌세포는 점점 죽어간다는 사실이 사뭇 진지하게 다가온다.

인간의 뇌는 약 1000억 개 이상의 뉴런이라는 신경 세포로 구성되어 있다. 각 뉴런은 잔가지 촉수를 통해 1천 개에서 1만 개까지 다른 뉴런과 연결된다. 이 뇌세포 가지는 신호를 받아들이는 '수상 돌기'와 전달하는 '축색 돌기'라고 하는 시냅스를 가진다. 여기서 뉴런 사이의 정보가 공유된다. 시냅스는 100조 개 이상이 서로 연결되어 있다. 시냅스는 흥분하거나 억제될 수 있고, 연결되거나 단절되기도 한다. 독서는 뇌를 흥분시키고 자극하여 새로운 회로를 만든다. 시냅스 간의 정보 전달도 더 잘된다. 책을 읽으면 다양한 자극을 통해 뇌가 발달하게 된다. 클링베르그는 "모든 경험과 배움이 뇌를 변화시킨다."고 말했다.

독서가 뇌에 미치는 영향을 확인하기 위해 독서할 때와 미디어를 시청할 때의 뇌를 비교한 연구가 있다. 책을 읽을 때는 뇌 전체가 활성화되며 전두엽도 활발히 움직인다. 전두엽은 이마 앞쪽에 있어 앞쪽 뇌라 불린다. 뒤쪽 뇌에서 받아들인 다양한 감정과 자극을 종합해 상황을 판단하고 조절하는 능력을 가진다. 독서는 상상력과 감정이 필요한 과정이므로 전두엽이 활발해진다. 책을 읽는 것은 전두엽을 훈련시키는 것이다. 반대로 미디어에 열중할 때는 뇌가 거의 활성화되지 않으며 전두엽도 활성화되지 않는다. 이것이 미디어를 반복적으로 시청하면 전두엽이 파괴된다는 증거가 된다. 즉 뇌는 활성화됨에 따라 역량이 증가되기도 하고 소실되기도 한다.

우리의 뇌는 많이 쓸수록 발달하고, 적게 쓰면 적게 발달한다. 뇌는 후천적인 학습이나 경험에 의해서 다시 만들어지고 새롭게 된다. 발전하기도 하고 퇴보하기도 한다. 자신의 노력에 따라 뇌를 변화시킬 수 있다. 이것을 '뇌의 가소성'이라고 한다. 독서를 하면 뇌의 전두엽과 같은 특정 부위가 발달함은 물론 뇌의 전체적인 네트워크도 활발해진다.

『책 읽는 뇌』의 저자 메리언 울프에 따르면, 독서하는 뇌는 자체의 한계를 뛰어넘어 그 과정에서 뇌의 기능과 인간의 지적 역량 모두를 확장시킬 수 있다고 한다. 독서는 기존 구조에서 회로와 연결을 재편성하고, 극도로 자동화된 복잡한 사고 프로세스를 가능하게 한다.

독서를 처음 시작하는 초보자의 뇌는 세 영역이 활성화된다.

첫째, 후두엽의 넓은 부분과 측두엽 인근의 방추 상회라는 영역이다.

둘째, 측두엽과 두정엽의 다양한 부위이다. 그 중 언어의 이해와 말하기 영역을 담당하는 베르니케 영역이 매우 많이 활성화된다.

셋째, 전두엽의 일부, 특히 듣고 문자를 해독하고 이해하는 능력을 담당하는 브로카 영역이다.

독서를 하는 동안 뇌의 활성화 영역은 달라진다. 초보적인 독서가의 뇌는 글을 읽을 때 동시에 여러 곳에서 반응이 일어나면서 반응 속도가 늦다. 즉 초보적인 독서가는 문자 그대로의 이해를 위해 뇌의 여러 부분이 관여하는 반면, 숙련된 독서가는 이미 익숙해지고 자동화된 시스템에서 바로 정보를 처리한다. 문자를 이해하는 데 들이는 시간을 줄이고 좀 더 고차원적인 의미 해석을 위해 사용되는 것이다. 따라서 우리는 책을 잘 읽기 위해 숙련된 독서가의 뇌를 가질 필요가 있다.

우리의 뇌를 숙련된 독서가의 뇌로 변화시키는 방법은 당연히 독서이다. 『책 읽는 뇌』에 따르면 책을 읽을 때 우리의 뇌는 텍스트를 이해하고 분석하며 판단한다. 그 과정에서 자신이 가진 배경지식과 연관 지어 적극적으로 사고한다. 독서는 시냅스의 무한한 연상 결합을 가능하게 한다. 독서는 뇌가 새로운 능력을 학습해 지능을 확대시켜 나가는 방법을 명확하게 보여준다. 이처럼 숙련된 독서가의 뇌는 꾸준한 독서와 그 양에 따라 성숙해진다.

우리가 독서를 통해 뇌를 바꿀 수 있는 정도는 무엇을 읽는지와 그것을 어떻게 읽는지에 달렸다. 조셉 엡스타인은 "독서는 경험이다. 작가의 전기를 쓰려면 그가 언제 무엇을 읽었는지 상세하게 다루어야 한다. 어떤 의미에서 우리는 우리가 읽은 것을 그대로 반영하기 때문이다."라고 말했다. 그렇다면 무엇을 어떻게 읽어야 할 것인가?

첫째, 많이 반복해야 한다. 숙련된 독서가들은 어떤 단어에 대한 지식이 확고할수록 그 단어를 읽는 속도가 빠르며 정확하다. 읽는 행위 자체가 두뇌 활동에 영향을 줄 수 있으므로 수준에 맞는 글을 많이 읽을 때 뇌의 활동이 증가된다. 사고 패턴을 반복할수록 작용하는 저항은 줄어든다.

둘째, 문학 작품을 읽어야 한다. 책의 언어는 어휘력을 확대시키고 구어에서는 찾아보기 힘든 통사적, 문법적 구조를 사용한다. 필립 데이비스 교수의 리버풀 대학 연구진은 세익스피어, 워즈워스 등 위대한 작가의 작품 가운데 특정 부분을 읽은 사람들의 두뇌 활동이 극적으로 증가함을 확인했다. 이에 대해 순천향대 천안 병원의 이인규 교수는 문학 작품을 접했을 때 작가의 언어 구사 패턴과 문체가 순간적 두뇌 작용에 영향을 끼치는 것으로 보인다고 해석했다. 이는 전체 내용을 인지하기 전에 선행되는 뇌의 작업이다. 고차원의 이해가 필요한 언어가 구사됐을 때, 이를 해독하기 위한 작업이 이루어지고, 그러다 보면 뇌의 활동이 더욱 증가하게 된다.

셋째, 뇌를 더욱 자극하기 위해서는 어려운 책도 읽어야 한다. 시골의사로 유명한 박경철 씨는 "내가 가진 생각이나 사람의 90% 정도는 기존의 내 범주 안에 있던 것들입니다. 그것을 깰 수 있는 것은 결국 책이에요. 내가 생각하지 못했던 부분, 만나지 못했던 세계가 그 안에 그대로 담겨 있지 않습니까."라고 말했다. 익숙하지 않은 책, 낯선 책은 우리의 뇌를 자극시키고 새로운 세계를 배우는 즐거움도 얻게 한다.

넷째, 음독을 한다. 소리 내어 읽으면 전두엽이 크게 활성화되며 기억력이 20%나 상승한다는 연구 결과가 있다. 학창 시절 시험공부를 할 때 많이 사용하던 방법이다. 소리 내어 읽으면서 반복하고 다른 사람에게 말하듯 이야기하면 오랫동안 기억에 남는다는 것을 경험했다. 따라서 기억에 오래 남는 책 읽기를 원한다면 중요한 부분은 음독으로 읽는 것도 좋은 방법이다.

우리의 뇌는 상상과 현실을 구분하지 못한다고 한다. 다시 말해 뇌가 상상하는 것은 곧 현실과 같다는 뜻이다. 우리가 원하는 것을 상상하기만 해도 우리는 현재 일어난 일처럼 성공의 자원을 얻을 수 있다. 많이 반복하여 읽고, 문학 작품도 읽고, 나아가 어려운 작품들도 읽는다면 우리의 뇌는 빠르게, 더욱 효과적으로 발달하게 된다. 점차 유창하게 독서하는 뇌로 독해력을 확장시키고 독서를 통해 이기는 삶을 살게 될 것은 당연한 일이다. 우리가 상상하고 생각하는 대로 우리의 뇌와 미래는 만들어진다.

반복은 최고의 방법이다

나는 세 살 난 딸아이와 함께 그림책 읽는 시간을 즐긴다. 아이가 책을 좋아하면 좋겠다는 마음으로 여러 종류의 책들을 샀다. 그런데 아이는 유독 자신이 좋아하는 책만 계속 반복해서 읽어달라고 한다. 어떤 책은 들여다보지도 않고, 이미 여러 번 읽은 책을 들고 와서는 "또 읽어줘, 엄마."를 외친다. 처음에는 나도 재미있었지만 더 이상 그 책은 나에게 흥미롭지 않다. 그러나 아이는 계속 읽어도 재미를 느끼기 때문에 반복하여 읽어달라고 한다. 책의 내용을 거의 다 외우면서도 늘 그 책은 재미있다고 생각한다.

우리는 아무리 재미있는 책이나 영화라도 두 번, 세 번 이상 보면 더 이상 새롭지 않다. 새로움을 느끼지 못하면 재미없다고 생각한다. 나는 책이 재미있어도 여러 번 읽지 않았다. 그러나 그런 습관을 바꾸어야겠다고 생각한 것은 우연한 기회에 책을 다시 읽기 시작하면서부터였다.

약속 장소에 나갔는데 가방 속에 읽을 책을 챙겨가지 않았다. 조금 늦겠다는 친구의 연락에 할 수 없이 카페에 진열된 책을 보았다. 읽었던 책인 것을 알았지만 다른 책들은 그다지 끌림이 없어서 다시 그 책을 집어 들었다. 한참을 읽었는데 처음 읽는 것처럼 새롭고 흥미로웠다. 간혹 기억나는 부분도 있었지만 느낌이나 깨달음이 전과 같지 않았다. 그때서야 책은 반복해서 읽어야 함을 깨달았다. 교과서나 학습지, 전공서들은 반복해서 여러 번 읽는다. 나는 시험에 대비하기 위해서 시험 범위의 전공서를 최소 두 번 이상은 꼭 훑어보고 시험에 응했다. 무조건 두 번 이상은 꼭 반복했다. 그런데 독서를 하면서는 그 점을 적용하지 않았다. 책을 한 번 읽은 후 며칠이 지나면 내용이 잘 기억나지 않음에도 불구하고 이미 읽은 책을 다시 읽고 싶지는 않았다. 왠지 시간 낭비처럼 느껴졌다. 그러나 그것은 잘못된 생각이었다. 시간이 흐르고 몇 년 뒤 다시 그 책을 읽으니 달라진 나만큼 책도 새롭게 다가왔다.

왜 책을 반복해서 읽어야 하는 것일까? 시험공부를 위해 반복하여 읽는 것은 기억력을 증진시키기 위한 것이다. 일반 서적도 마찬가지다. 한 번 읽고 좋았던 책은 시간 간격을 두고 핵심 내용을 반복하여 읽는 것이 필요하다. 그래야만 오랫동안 기억에 남고 내 안에 체득되어 삶에 녹아나올 수 있다.

모든 책을 무조건 반복해서 읽어야 하는 것은 아니다. 그래야만 하는 책들이 있다. 읽을 때마다 새롭고 읽을 때마다 다른 교훈을 얻을 수 있는 책들 말이다. 예를 들면 고전, 철학, 인문학, 성경 등이 이에 해당된다. 대중서나 비즈니스 실용서 등도 기억해야 할 필요가 있고 여러 번 읽을 만한 가치가 있는 것은 그렇게 해야 한다. 읽을 때마다 우리가 깨닫는 의미가 다르고 배우는 것이 다를 수 있다. 더 정확히 말하자면, 그 사이 우리의 경험이 달라졌고 우리의 배경지식이 달라졌기 때문에 같은 내용이라도 새롭게 다가오게 된다.

예전엔 어려웠던 책도 시간이 지나고 다시 읽으면 이해되는 부분이 생긴다. 경제학을 시작하는 대학 1학년생은 전공의 기본인 경제학개론이 어려울 수 있다. 그러나 4학년이 되어 다시 읽으면 그 의미를 명확하게 알고 쉽게 이해할 수 있는 것과 같은 이치다. 시간이 흐르고 자신의 배경지식과 사고, 경험이 달라졌기 때문에 다르게 이해하고 배울 수 있는 것과 같다.

책은 곧 사람이다. 저자의 생각과 철학, 가치관, 노하우가 담겨있다. 책을 읽는다는 것은 저자와 만난다는 뜻이다. 한 번 만나서는 상대방에 대해 잘 알기 어렵다. 여러 번 만나고 대화하고 깊이 생각하고 질문하는 과정을 통해서 상대방을 더 알아갈 수 있다. 책을 반복해서 읽을 때 그런 마음으로 읽어야 한다. 어떤 책을 반복해서 읽어야 할지 정했다면 그 책을 읽고 또 읽는다. 시간적 간격을 두고 다시 읽어 본다. 이전에 기록했던 내용과 지금은 생각이 어떻게 다른지, 상황이 어떻게 달라졌고, 지금 나의 관점은 어떠한지를 생각하면서 읽는다. 반복해서 읽어야만 저자가 전하고자 하는 많은 메시지를 더욱 분명하게 찾을 수 있고 나의 삶에 적용할 수 있는 구체적인 적용점도 발견할 수 있다.

한 번 봤던 영화를 다시 보면, 이전에 보지 못했던 등장인물의 행동이나 태도, 음악, 배경 등이 더 잘 보인다. 책도 그렇다. 세렌디피티*serendipity*는 갑자기 떠오른 아이디어나 우연히 발견하는 뜻밖의 재미라는 뜻으로 사용된다. 책을 반복해서 읽다 보면 이전에는 보지 못했던 새로운 내용들을 발견할 때가 있다. 같은 책을 읽었지만 상황이나 느낌이 다르기 때문에 발견하는 재미도 쏠쏠하다.

독서법 수업을 들었는데, 코치였던 그녀는 같은 책을 여러 권 산다고 했다. 읽고 또 읽고 적고 또 적어서 책이 지저분해졌다면 다시 새 책으로 본다고 했다. 그러면 또 다른 내용이 눈에 들어오고 새롭게 읽히게 된다고 말했다. 중요한 책은 그렇게까지 책을 반복해서 읽어야 함을 깨달았다.

'위편삼절韋編三絶'이라는 사자성어가 있다. 가죽으로 맨 책 끈이 세 번이나 끊어졌다는 뜻으로, 공자가 말년에 주역을 좋아해서 어찌 나 많이 읽었는지 그만 가죽으로 엮은 책 끈이 세 번이나 끊어졌다 는 데서 유래한다. 책이 흔치 않았던 옛날에는 책 읽기 자체가 공부 였다. 밥을 먹는 것처럼 자연스러운 일상이 책 읽기였다. 특히나 중 요한 책들은 책이 닳을 때까지 읽고 또 읽었다고 한다. 옛 선인들은 책의 내용이 삶에 체화되어 우러나올 때까지 반복해서 읽었다.

글을 잘 이해하지 못하더라도 100번 읽으면 그 의미를 저절로 알 게 된다는 말이 있다독서백편의자현 讀書百遍意自見. 옛 선인들은 대학, 주 자, 중용, 맹자, 논어, 주역, 장자, 사기 등 여러 경전들을 반복해서 읽었다. 이해가 되지 않으면 이해될 때까지 읽었다. 읽을수록 지식 이 정리되고 자연스럽게 꿰어져 자신 안에 쌓이고 체화된다. 책의 내용이 자신과 세상을 변화시킬 수 있는 힘을 얻을 때까지 읽고 배 우는 것이 그들의 공부이자 삶이었다.

다독이라고 하면 많은 책을 읽는 것이라 생각하기 쉽다. 그러나 다독은 무조건 많이 읽는 것을 의미하지 않는다. 사람들은 다독과 정 독이 반대의 개념인 것처럼 생각하나 사실 선인들의 다독은 곧 정독 을 의미했다. 꼼꼼히 집중해서 읽고 세세하게 살펴서 글의 의미를 깨 닫고 삶의 이치를 파악하는 것이 다독이자 정독이었다. 같은 책을 다 독하고 정독하며 자신의 생각의 폭을 넓히고 책의 내용을 흡수했다.

우리는 늘 새로운 것을 원한다. 새로운 것만이 흥미롭고 즐겁다고 생각한다. 그러나 책은 다르다. 많은 책들을 읽는 것도 즐거운 일이지만, 한 권의 책을 깊이 있게 여러 번 읽는 것도 그에 못지않은 신선한 깨달음과 흥미로움이 있다. 여러 번 읽음으로 내용을 더 명확히 기억할 수 있고, 저자의 메시지를 훨씬 더 잘 파악할 수 있다. 우리의 내면과 생각, 상황은 시시때때로 변화하고 달라지므로 이미 읽은 책이라고 해도 같은 마음이나 상황으로 읽게 되는 책은 없다. 모든 책이 새롭고 모든 깨달음이 새롭다. 지금껏 감명 깊게 읽었던 책이 있었다면 오늘 다시 한 번 읽어보는 것은 어떨까. 당신의 독서 생활에 새로운 활력이 될 수 있다.

생각의 깊이가 독서가를 만든다

무심코 하루를 돌아보다가 나의 일과 중 생각하는 시간이 많지 않음을 깨달았다. 해야 할 집안일과 의무적인 일들을 하고 아이를 키우며 바쁘게 살아가지만 생산적인 생각을 하고 창의적인 아이디어를 고민하는 일은 별로 없다. 직장을 다닐 때도 하루 종일 컴퓨터 앞에 앉아 일을 하고, 메일을 읽고, 전화 통화를 하고, 시간이 나면 스마트폰을 들여다본다. 깊이 생각 좀 할라치면 잡념과 무의식적인 생각들이 떠다니며 나의 사고를 방해한다. 세상은 복잡해지고 더욱 치열해지는데 내 머릿속은 단순해지고 느슨해진다. 휴대폰이 나 대신 전화번호와 일정을 기억해주고, 인터넷이 나보다 많은 정보와 지식을 저장해준다. 그럼 도대체 나의 머리는 무엇을 하고 있을까?

어느 순간부터 생각하는 일을 즐기지 않게 되었다. 인터넷이 발달하고 스마트폰이 대중화되면서 우리는 생각하는 힘을 점점 잃어가고 있다. 불과 10여 년 전부터의 일이다. 가끔 책을 읽다가 정신을 차리며 읽은 부분을 다시 읽기도 한다. 아무런 생각 없이 글자만 읽었기 때문이다. 영국의 정치가 버크는 "생각하지 않고 읽는 것은 씹지 않고 먹는 것과 같다."고 말했는데, 나는 소화시키기는커녕 씹지 않고 먹는 경우도 많았다니 안타까울 따름이다.

생각하는 힘을 기르는 것이 요즘 교육의 화두이다. 아이들에게 생각하는 힘을 가르치는 일이 중요시되고, 생각에 대한 책들이 쏟아져 나온다. 세대를 거듭할수록 복잡하고 어려운 것은 싫어하고 쉽고 빠른 것만을 선호한다. 생각하는 일은 느리고 복잡하고 힘든 일이다. 그래서 많은 사람들에게 배척당한다. 특히 책 읽기에서는 더욱 그렇다. 책은 생각하지 않고도 읽을 수 있다. 그래서 무턱대고 읽기도 한다. 그러나 생각이 없는 책 읽기는 읽지 않는 것과 별반 다르지 않다. 우리가 책을 읽는 것은 더 나은 우리가 되기 위함임을 이미 되새겨왔다. 그러나 단순히 책을 읽는 것만으로는 삶이 달라지지 않는다. 중요한 것은 생각하는 노력이다. 단순히 글자를 읽는 것이 독서라면 글자만 아는 초등학생들도 어려운 서적들을 다 읽어내고 이해할 수 있어야 한다. 그러나 독서는 그렇지 않다. 읽고 생각하고 질문하고 답하는 과정이 수반되어야 진정한 독서라 할 수 있다. 그래서 독서가 쉽지 않은 것이고, 삶을 바꾸는 독서는 더더욱 어려운 것이다.

김미경 강사는 "생각이란 목표가 있고 목표를 향한 의식적인 정신활동"이라고 말했다. 독서에서 글 읽기와 생각하기를 따로 떼어놓을 수 없다. 이것은 하나의 과정이다. 책을 읽으며 목표를 향한 의식적인 정신활동을 하는 것이 중요하다. 문제를 던지고 어떻게 생각하는가를 고민함으로써 잠재력을 이끌어내는 것이 중요하다. 옛사람이 말하는 독서란 마음을 가라앉히고 깊이 생각하며 그 내용을 음미하는 것이다. 중요한 경전들을 반복해서 읽고 생각하는 시간들이 그들을 지혜로운 독서가로 만들었다. 사실 책을 많이 읽어 인풋을 늘리는 것만큼 아웃풋을 출력하는 과정도 중요하다. 아웃풋을 내는 과정이란 질문하고 생각하고 답을 찾는 비판적 사고의 과정을 통해 드러난다. 결과를 도출하는 과정이 어려울수록 독서의 효과가 발휘되고 뇌도 더 효과적으로 기억한다.

EBS 〈다큐프라임〉이란 방송에서 화제가 된 영상이 있었다. 지난 2010년 9월, G20 서울정상회의 폐막식에서 버락 오바마 미국 대통령이 폐막 연설 후 한국 기자들에게 질문을 받는 장면이 담긴 영상이다. 오바마 대통령은 다음과 같이 한국 기자들에게 질문을 요청

했다.

"한국 기자들에게 질문권을 드리고 싶군요. 정말 훌륭한 개최국 역할을 해주셨으니까요. 누구 없나요?"

그 순간 기자회견장에는 적막이 흘렀고 아무도 질문하지 않았다. 몇 번을 이야기했지만 어느 누구도 오바마 대통령에게 선뜻 질문하기 위해 나서지 않았다. 결국 질문권은 중국 기자에게 넘어갔다. 우리 사회의 현실을 보여주는 단편적인 예가 아닐까 싶다. 질문하지 못하는, 생각하지 않는 사회 말이다.

대학 강의 시간에도 질문하는 학생은 그리 많지 않다. 자신의 질문이 수업에 방해가 될까 봐 꺼리기도 하고, 교수님의 생각이 옳다고 생각하기 때문에 질문하기를 어려워하기도 한다. 때로는 질문 자체가 없기도 하다. 대학 수업 역시 중고등학교의 교사 중심의 수업과 크게 다르지 않다. 우리는 이런 문화 속에서 생각하는 힘을 잃어간다. 나도 아주 조용한 학생이었다. 질문을 하면 부끄럽기도 하고 나만 모르는 것 아닌가라는 생각 때문에 질문한 적이 별로 없었다. 나에게 시선이 집중되는 것도 싫었다. 그렇게 보낸 시간들이 참 아쉽다. 시간이 흐르고 자신감을 가지기 시작하면서부터 교수님들께 질문하기 시작했고 그러면서 공부도, 독서도 진전이 있었다.

생각을 할 수 있는 원동력은 질문에서 나온다. 질문을 통해 답을 찾아가고 대안을 고민하는 과정에서 생각의 길이 열린다. 그런데 질문 자체가 없으니 생각이 잘될 리 만무하다. 생각하게 하는 질문을 하는 것이 독서의 핵심이다. 책을 읽으며 저자가 말한 것에 의문을 가지기도 하고, 자신의 생각을 주장하기 위한 반론의 질문도 생각해본다. 다양한 방법으로 생각하는 것을 시도해보자. 처음엔 부자연스럽고 쉽지 않더라도 점점 생각하는 일에 익숙해지는 당신의 모습이 대견할 것이다. 질문을 던지는 만큼 우리의 사고는 성장하고 깊어진다. 그리고 독서도 깊어진다.

저자의 주장에 논리적 비약이나 오류는 없는가? 내 생각은 같은가? 다르다면 어떻게 다른가? 다른 책에서는 어떻게 말하는가? 등의 질문을 던져보자. 독서를 하며 저자의 의견을 토대로 자신의 생각을 잘 정리하고 자신의 것으로 만드는 과정이 당신의 생각을 깊게 만드는 과정이다. 겸손하고 열린 생각으로 책을 읽되, 무조건적으로 수용하는 사고보다는 질문하고 비판하며 창의적인 생각을 해보자. 새로운 생각을 더할수록 생각의 깊이는 깊어지며 능력이 더해질 것이다. 고민하고 생각하는 능력을 통해 창조적 사고에 이르게 될 것이다.

『뇌, 생각의 출현』의 저자 박문호 박사는 한 번만 읽어도 되는 책보다는 다섯 번 이상 읽어야 하는 책을 택하라고 권한다. 또한 책을 읽을 때는 그냥 읽는 것이 아니라 온몸을 던져서 읽으라고 당부

한다. 그렇게 책을 읽다 보면 어떤 때는 한 문장을 가지고 한 달 넘게 생각해야 하는 경우도 있는데, 그런 지적 탐구를 통해 두뇌가 깊은 사고 체계를 확립해간다고 말했다. 사색이 필요한 책이 우리를 성장하게 하는 책임을 깨닫게 한다. 온몸으로 책을 느끼고 생각하고 탐구하는 과정이 우리를 진정한 독서가로 만들 것이다. 『대통령의 독서법』에 따르면, 김대중 전 대통령은 "책을 읽을 때는 1시간 읽고 1시간 생각하라."고 말했다고 한다. 책을 정독한 후에는 덮어두고 내용을 되새기며 배울 점을 찾으라는 뜻이다.

주위를 둘러보면 생각보다 많은 사람들이 생각 없이 살고 있음을 확인할 수 있다. 주어진 환경에서 열심히 살아가긴 하지만 주도적으로 자신의 삶을 이끌고 주체적으로 생각하는 것을 어려워한다. 생각하는 방식이 곧 우리가 삶을 대하는 방식이다. 수동적이고 회피하고 주어진 대로 생각하고 살아간다. 달리 생각하는 사람들이 우리를 이끌어간다. 자신의 꿈과 미래를 이끌어 가기 위해서는 생각의 힘을 길러야 한다. 생각은 연습이 필요하다. 연습의 가장 좋은 도구는 독서이다. 또한 생각의 연습과 깊이가 독서의 질을 결정한다. 질문하고 생각하는 독서는 사색할 수 있는 힘을 기르게 한다. 깊이 있는 생각은 당신을 독서가로 만들고 당신의 능력을 최대한 발휘할 수 있도록 돕는다. 생각하는 힘이 이 시대를 살아가는 중요한 힘이다.

생각하는 습관을 통해 생각의 반경을 넓히고 생각의 깊이가 달라지면 세상을 보는 눈도 달라질 수 있다.

한 분야의 책을 10권 이상 읽어라

나는 대학에서 응용화학을 전공했고 대학원에서는 화학교육을 전공했다. 과학을 좋아했지만 대학을 졸업하고 직업으로 선택하지는 않았다. 직장에서는 경영, 관리, 회계 등의 일을 담당했다. 직업도 다양하고 마음만 먹으면 어떤 일도 가능한 시대이다. 자신이 좋아하는 일을 할 수도 있고, 전공이 아닌 다른 분야에서 직업을 가질 수도 있다. 당신은 어떤 일을 하고 있는가? 그 일에 당신의 전부를 쏟을 만큼 최선을 다하고 있는가?

명함 속에는 당신의 이름이 당당히 새겨져 있다. 만약 명함 속에 회사의 이름이 없다면 어떠한가? 명함은 회사를 드러내주는가 아니면 당신의 이름을 드러내주는가? 회사라는 틀 속에서 나의 존재는 살아있는지, 회사의 이름 없이도 내가 돋보일 수 있는지 한번 돌아보자. 많은 사람들이 밤낮없이 고군분투하는 것은 명함 없이도 자신을 드러내기 위해서이리라.

불안한 시대에 조금이나마 안정적인 것을 찾아가기 위해 너도나도 같은 모습으로 살아간다. 같은 시험을 준비하고 같은 직장에 도전하며 청춘의 시간은 흘러간다. 직장 생활을 하며 저마다 그 안에서 분주히 애쓰지만 특별한 것은 없다.

이 시대를 살아가는 우리에게는 자신만의 전문성을 갖추는 일이 필수적이다. 자신만의 독특한 아이디어나 노하우를 갖는다면 성공할 수 있는 기회도 열린다. 직장인들이 자신을 남과 다르게 포지셔닝할 수 있는 방법은 자신의 분야에서 전문가가 되는 것이다. 회사의 간판이 없어도 나를 드러낼 수 있는 '전문가'라는 타이틀이 필요하다. 전문가는 자기만의 프레임을 가지고 자신만의 분야를 구축하는 사람을 지칭한다. 능력과 전문성, 경력이 있어야 한다. 우리는 어떤 노력으로 전문가가 될 수 있을까?

어떤 분야의 전문가가 되려면 1만 시간의 노력이 필요하다고도 하고, 10년의 공부와 경력이 필요하다고도 한다. 그 분야의 전문가를 만나 그의 경험과 노하우를 배워서 적용할 수도 있다. 관련 강의

나 강연, 세미나, 학회 등에 참석하여 정보를 얻고 교류하는 것도 하나의 방법이다. 또한 관련 분야의 책을 100권 이상 읽으면 전문가가 될 수 있다고 말하기도 한다. 자신의 분야에서 'Only One'이 되기 위해서는 그 분야에 대해 깊이 알고자 하는 노력은 필수이다. 그러므로 자기 분야의 책을 20~30권 이상 읽는 것은 기본 중 기본이라 할 수 있다.

업무 분야가 아니더라도 지식을 얻고 싶은 분야가 있다면 그 분야의 책을 10권 이상 읽어보라. 처음에는 어렵더라도 한 분야의 책을 10권 이상 읽으면 어떤 분야든 기본 이상의 실력과 지식을 쌓을 수 있게 된다. 점차 심화적인 지식과 간접 경험을 가지게 될 것이다. 책을 통해 단순히 관심을 가지던 분야의 '준전문가'로 바뀔 수 있다.

나는 대학원에서 논문을 작성할 때 걱정이 태산 같았다. 써 본 글이라고는 리포트가 전부였고, 연구를 집중적으로 해본 적도 없었다. 연구 주제를 정하고 연구 결과를 포함한 논문을 써야한다는 일은 적지 않은 부담으로 다가왔다. 하지만 대학원에 진학한 이상 꼭 해야 하는 일이었기에 피할 수는 없었다. 우선 자료를 찾기 시작했다. 국내외 많은 선행 자료들을 접하고 읽으며 내 생각을 발전시켜 나갔고, 연구에 대한 개요를 설정했다. 두려움과 걱정을 뒤로하고 논문 주제에 뛰어드니 점차 익숙해지기 시작했다. 화학 교육에 관한 다양한 연구들을 살펴보는 것은 현재의 트렌드를 읽기에 좋았고 이슈를 파악하는 데 있어서 중요했다. 시행착오가 있었지만 결국 나는 논문을 완성할 수 있었고, 과학교육에 대한 지식과 경험을 쌓을 수 있었다.

처음 책을 쓰려고 다짐했을 때는 '과연 내가 할 수 있을까.'라는 생각이 컸다. 책 쓰기의 기본이 무엇인지도 몰랐고, 어떤 과정으로 시작해야 하는지도 몰랐다. 막연하게 책을 쓰면 좋겠다는 생각이었다. 역시 먼저 선택한 것은 책이었다. 책 쓰기에 관련된 책들을 찾아 읽었다. 주제를 정하고, 목차를 정하고, 글을 쓰는 일련의 과정을 파악했다. 책 쓰기를 배우면서 수업을 통해 책을 쓰기 위한 과정들을 밟아왔다. 많은 책들을 참고하며 내 생각을 정리했고, 일상의 사례를 통해 글감을 준비했다. 독서법에 관한 한 권의 책을 쓰기 위해 백여 권 이상의 책을 섭렵했다. 그렇게 얻은 지식과 생각들을 모아 글을 썼다. 책을 쓰는 동안 독서에 대한 지식이 쌓였으며 생각도 정리되고 있었다. 어느덧 또 다른 분야에 대해 지식과 노하우, 경험이 생겼다.

같은 주제를 다룬 여러 책들을 읽다 보면 배경지식이 쌓인다. 점차 심화적인 수준으로 생각이 점점 발전하는 것을 경험한다. 깊이 생각하게 되고 이해의 폭과 깊이가 더해진다. 이런 과정들을 통해 저자의 지식과 사고를 뛰어넘을 수도 있다. 올더스 헉슬리는 "어떤 한 가지에 대해서 모든 것을 알 정도로 잘 알아라."라고 말했다. 자신의 전공이나 업무 분야에 대해서는 확실하게 잘 알아야 한다는 뜻으로 해석해도 무방하다. 자신의 분야에 대해 가장 잘 알아야 하는 것은 틀림없다. 그리고 관심 분야가 있다면 언제든 당신은 그 분야의 전문가로 거듭날 수 있다.

자신의 분야에서 전문가가 되려면 많은 수고와 노력이 필요하다. 10권의 책으로 어찌 다 알 수 있겠는가. 다만 책에는 먼저 배우고 깨달은 지식인들의 생생한 경험과 알찬 정보들이 담겨있으므로 훨씬 쉽고 빠르게 배울 수 있다. 10권을 시작으로 점차 높은 수준의 전문가로 거듭날 수 있기를 바란다. 자신이 얻은 지식을 다른 사람들에게 자신 있게 말할 수 있고, 요약할 수 있으며, 다른 사람들을 가르칠 수 있다면 더욱 완벽해진다. 나만의 결과물을 만들어 강의를 하거나 책을 쓰는 등의 확장 작업도 가능해진다.

직장이 마음에 안 든다고, 일이 재미없다고 말하기 전에 자신이 몸담고 있는 분야를 사랑해보는 시도를 하자. 책 10권 정도는 한번 도전해 볼 만하지 않을까.

누구에게나 딱 맞는 옷은 없다. 옷을 고쳐 입거나 몸을 만들면 된다. 옷을 고칠 수 있으려면 그만큼 실력이 따라야 한다. 몸을 만드는 것도 노력 없이는 안 된다. 다른 이유로 평계대기 전에 자신이 선택한 직업과 자신이 살아가는 삶에 대해 책임지고 멋지게 살아가겠다는 자세로 시작해보자. 자신의 그릇을 넓혀 회사에서 꼭 필요한 전문가로 거듭나자. 다른 사람이 시켜서 하는 사람, 내 할 일만 하는 사람은 많다. 수동적인 태도는 우리 인생에 아무런 도움이 되지 않는다. 적극적으로 시도하는 사람만이 원하는 것을 얻을 수 있고, 꿈꿀 수 있다. 같은 일을 해도 다른 방법과 다른 자세로 일하는 사람이 드러나는 법이다. 업무와 관련된 책 10권 읽기, 관심 분야의 책 10권 읽기. 쉬워 보이지만 실천하는 사람은 그리 많지 않다. 실천하는 순간 당신은 이미 다른 사람과 구별되는 다른 삶을 시작하게 된다. 차근차근 한 과정씩 시작한다면 소복이 눈이 쌓이듯 당신의 실력도 쌓일 것이다.

책을 쓴다는
생각으로
읽어라

어떤 일이든 전략이 있으면 더 쉽게 일을 이룰 수 있다. 시험을 준비하면서 어떤 방식으로 문제가 출제되는지, 경향은 어떤지, 문제 난이도는 어떠한지 등을 파악하고 나면 공부의 방향을 잡기가 수월하다. 특히 기억하기 어려운 부분은 친구에게 설명하듯이 공부하면 오래 기억할 수 있다. 나는 공부를 할 때 다른 사람을 가르친다는 생각으로 공부한다. 혼잣말로 내용을 설명하고 종이를 칠판 삼아 적으며 공부하면 훨씬 더 기억에 잘 남고 재미있게 공부할 수 있다. 설명을 듣는 사람보다 설명을 하는 사람이 더욱 효과적으로 지식을 쌓을 수 있다. 책 읽기도 한 분야를 깊이 읽으며 지식을 쌓아가는 것이 중요하지만, 전략이 있으면 더욱 수월하고 효과적으로 독서를 할 수 있다. 그것은 바로 책을 쓴다는 생각으로 책을 읽는 것이다.

책을 쓴다는 생각으로 읽으면 어떤 점이 좋을까?

첫째, 적극적인 독서가 가능해진다. 지금 당장 책을 써야겠다고 생각해보라. 무엇을 할까? 우선 무엇에 대해서 쓸 것인지 주제를 정해야 한다. 자신이 좋아하는 분야일 수도 있고, 알고 싶은 주제일 수도 있다. 주제를 정했다면 책을 쓰기 위한 재료를 모아야 한다. 뉴스와 신문, 책과 잡지 등 많은 재료들을 통해 자신이 쓰고자 하는 책의 글감을 준비한다. 만약 여행 책을 쓰고 싶다면 여행과 관련된 온갖 자료를 모으게 된다. 책을 쓰기 위한 눈으로 책을 읽으면 책을 대하는 자세와 마음이 달라진다. 평소에는 어렵고 복잡해서 읽지 않았던 책도 책을 써야 한다면 당연히 읽을 수밖에 없다. 심혈을 기울여 읽고 고르고 쓰는 과정을 거치게 된다. 적극적으로 읽고 행동하게 된다.

둘째, 관련 분야에 대한 깊은 지식을 얻을 수 있다. 책을 쓰기 위해서는 관련 주제에 대해 깊이 있게 탐구하고 자신의 생각으로 정리해야 하기 때문에 그냥 책을 읽는 것과는 과정과 결과가 확연히 달라진다. 책을 쓰겠다는 마음으로 같은 분야의 책을 여러 권 읽으면 필요한 정보를 분별할 수 있게 된다. 그러면 정보의 습득력이 달라지고 편집 능력도 기를 수 있게 된다. 우선 책을 읽으며 중심 내용이 무엇인지, 책의 목차는 어떻게 작성할지 미리 생각해본다. 전달하고자 하는 메시지를 구체적으로 정해보면 책의 중심 내용을 정확하게 파악할 수 있게 된다. 목차를 구성하면서는 어떤 부분을 구체적으로 읽고 적용시켜야 하는지도 이해할 수 있게 된다. 목차를 먼저 정하고 그에 따라 관련된 책을 읽는 것도 좋은 방법이다.

셋째, 책 읽기가 실제 글쓰기와 책 쓰기로 이어질 수 있다. 책을 쓰기 위해서는 다양하고 많은 책 읽기가 전제되어야 한다. 읽는 것만이 독서는 아니다. 글을 쓰는 것도 독서 활동에 포함된다. 글을 쓰는 것은 선택이 아니라 필수적인 독서의 과정이다. 책을 쓰기 위해 다양한 참고 서적을 읽을 때 나 역시 굉장히 집중해서 읽게 되었다. 시험공부를 하는 학생처럼, 프레젠테이션을 준비하는 직장인처럼 꼼꼼하고 깊이 읽을 수밖에 없었다. 그렇지 않으면 책을 쓸 만큼 지식이 쌓이지 않고 생각도 정리되지 않기 때문이다. 책을 많이 읽으면 글을 쓰고 싶어지는 순간이 찾아온다. 인풋이 계속 쌓이면 아웃풋이 자동으로 생기는 것처럼 책으로 쌓인 지식과 경험, 생각을 잘 풀어내고 싶은 마음이 들 것이다. 친구들을 만나면 자신의 이야기를 하느라 많은 시간을 보내지 않는가. 새로운 정보나 상황이 생기면 문자나 카카오톡으로 주위 사람들과 이야기를 나누느라 바빠지기도 한다. 나의 이야기를 하고 싶기 때문이다. 책을 쓰는 것도 마찬가지다. 읽고 공부한 것을 나누고 싶고 글을 쓰고 싶어진다. 책을 쓰겠다는 생각으로 책을 읽으면 인풋의 수준이 높아지고 결과적으로 좋은 아웃풋을 얻을 수 있게 된다.

넷째, 생각하는 연습을 할 수 있다. 앞 장에서도 언급했지만 생각은 연습이 필요한 능력이다. 글을 쓰겠다고 생각하고 책을 읽으면 저자의 주장 하나하나가 생각할 거리가 되고, 깊이 읽는 것을 넘어 깊이 생각할 기회를 갖게 된다. 나의 생각과 무엇이 같고 어떤 점이 다른지 판단하여 나는 어떻게 글을 써야하는지 고민할 수 있는 계기가 된다. 생각이 깊고 넓어지니까 생각의 결과도 좋아지게 된다. 무엇보다 책을 쓰는 작가의 관점으로 책을 읽을 수 있는 좋은 방법이 된다.

다섯째, 몰입의 힘을 경험할 수 있다. 엄마인 나는 아이와 하루 종일 시간을 보내야 해서 새벽 말고는 책 쓰는 시간을 낼 수 없었다. 독서를 할 때도 정해진 시간 내에 할 수밖에 없고 글을 쓰는 것도 마찬가지였다. 어려움이 있었지만 한정된 시간 덕분에 더욱 깊이 몰입할 수 있었다. 단순히 책을 읽는 것과 달리 내 책을 쓴다고 생각하니 더 많이 생각하고, 고민하고, 분석하고, 작성할 수 있었다. 모든 것들에 더욱 집중하고 몰입할 수밖에 없었다.

방송을 통해 안철수 씨의 공부법을 알게 됐는데, 참 인상적이었다. 현재는 정치인으로 활동하고 있지만, 안철수 씨가 과거 바이러스 백신을 만들 때는 최첨단 기술이 나올 때마다 그것을 익혀야 했다. 그는 일 때문에 공부할 시간이 많이 부족했다고 한다. 그럴 때 그가 사용한 방법 중 하나는 잡지사에 직접 전화를 걸어 기술 관련 원고를 제안하는 것이었다. 잡지사에서 승낙을 하고 마감 기한을 정해주면 그때까지 반드시 원고를 써야 했기에 심적 부담을 느끼게 된다. 하지만 마감을 반드시 지켜야 한다는 전제 때문에 잠을 줄이거나 틈틈이 시간을 내서 공부하고 원고를 만들게 된다고 했다. 물론 과정 중에 고생은 하지만 결국 그 분야에 대해 깊게 알게 되고 그것이 공부가 되었다고 한다.

정말 대단하지 않은가? 어려운 방법이지만, 그 의지와 열정은 높이 살 만하다. 그런 노력으로 공부하고 글을 쓴다면 우리가 배우지 못할 분야가 없을 것이다. 원고를 쓰기 위해 얼마나 완벽하게 정보를 습득하고 깨우쳤을지 상상할 수 있다. 안철수 씨가 원고를 쓰기 위해 공부했듯이 책을 쓸 것처럼 책을 읽으면 자신의 부족한 부분을 보완하여 전문가가 될 수 있다. 정성과 노력 끝에 글을 써낸 지식들은 머릿속에 잘 기억되어 오래 지속되며 진짜 내 것이 되는 것이다.

많은 사람들이 책을 읽는다. 그들 중 책을 쓴다는 생각으로 책을 읽는 사람은 얼마나 될까. 글을 전문적으로 쓰는 사람들을 제외하고는 거의 없을 것이다. 다르게 선택하고 행동하면 다른 결과를 낳듯, 다르게 읽고 다른 관점으로 생각하면 다른 결과와 삶을 얻을 수 있다. 책을 쓰기 위해서 읽는 것이 아니라, 제대로 읽기 위해 내 책을 쓰는 것이 중요하다.

톨스토이가 나폴레옹의 러시아 원정을 소재로 한 대하소설 『전쟁과 평화』를 쓰기 위해 읽은 책이 작은 도서관 하나 정도의 분량이었다고 한다. 책을 쓴다는 것은 그만큼의 노력과 수고가 필요한 일이다. 그러한 마음가짐으로 책을 읽는다면 어떠한 책에서도 배움과 깨달음을 얻을 수 있다. 책을 쓴다는 생각으로 읽어보자. 하나를 배우더라도 제대로 깊이 있게 배울 수 있다. 우리의 사고가 확장되는 것도 느낄 수 있다. 책을 읽고 나의 것으로 만드는 능력도 한층 성장할 것이라 의심치 않는다.

관심 분야의
책으로
워밍업 하라

'지대넓얕'이란 말을 듣고 처음엔 무슨 뜻인가 하고 궁금증을 가졌다. 〈지대넓얕〉은 팟캐스트 방송 제목으로 '지적 대화를 위한 넓고 얕은 지식'의 줄임말이며 같은 이름으로 출판된 책도 있다. 저자 채사장은 학창 시절부터 다양한 분야에 관심이 많아 수많은 책을 읽었다고 한다. 그는 아이큐도 보통이고 배경도 특별하지 않았다. 국문학과에 진학했지만 철학에 흥미를 가지게 되어 학교 도서관에서 3년 동안 거의 매일 한 권씩 책을 읽었다고 한다. 남들이 취업 준비를 할 때 채사장은 현실 도피처로 책을 선택해 자신의 세계를 확장해나갔다. 이후 그는 큰 교통사고를 겪으며 세상을 불안하고 위험한 곳으로 인식하게 됐고, '세상을 명확하게 정리해놓으면 이런 불안감이 사라지겠다.'는 생각으로 책을 쓰기 시작했다. 그리고 자신이 꾸준히 읽어온 책을 주제로 팟캐스트 방송을 시작했다. 같은 이름으로 책이 출간되어 베스트셀러가 되었다. 현재 그는 강연과 글쓰기, 방송을 통해 많은 사람들에게 얕고 넓은 지식을 알리고 있다. 그러나 그의 책이나 강연을 들어보면 결코 얕지 않음을 알 수 있다. 책을 통해 얻은 방대한 지식은 결코 얕은 수준에 머물러있을 수 없다. 그것이 책과 지식의 특성이다.

당신은 어떤 분야에 관심을 가지고 책을 읽어왔는가? 지식이 없어서 주춤할 뿐이지 살펴보면 자기계발, 경제, 재테크, 철학, 정치, 과학, 인문학 등 끌리는 분야가 많을 것이다. 『지적 대화를 위한 넓고 얕은 지식』이 베스트셀러가 된 것만 살펴봐도 우리 사회가 얼마나 지식에 대한 욕구가 큰지 확인할 수 있다. 사회가 요구하는 지식의 범위도 점점 더 넓어진다. 대학생이든 직장인이든 시대를 이끌어가는 이슈와 트렌드가 무엇인지 발견하려는 노력이 필요하다. 롤모델이 될 만한 인물을 찾고 그의 업적에 대해 관심을 가질 필요도 있다. 자기계발을 통해 업무와 관련된 지식을 쌓고 그 외적인 부분도 대강의 핵심을 파악하는 것이 중요하다. 마케팅, 혁신, 경영, 조직관리, 심리학, 경제학, 스피치 등 어느 것 하나 직장 생활에서 필요하지 않은 것이 없다. 아는 만큼 보이고, 배우는 만큼 써먹을 수 있다. 살아가면서 배우고 노력하지 않아도 되는 시기는 없다. 직장에서도 늘 새로운 정보를 받아들여야 하고 배우고 익혀야 한다. 성공하는 사람들이 자신만의 서재를 가지고 있고, 독서에 중요한 가치를 두는 것은 그럴만한 분명한 이유가 있기 때문이다. 배우지 않는 리더는 결코 영향력 있는 리더가 될 수 없다.

전혀 배경지식이 없는 분야라도 그 분야와 관련된 책을 두세 권만 읽으면 기본 지식이 생긴다. 낯선 용어도 알게 되고 기본적인 개론은 이해할 수 있다. 그렇게 토대를 만들어 놓으면 그 분야의 심층적인 책을 읽을 준비가 된 것이다. 대학에 진학하면 고등학교 시절과는 완전히 다른 지식의 세계에 발을 들이게 된다. 한국어는 알지만 책의 내용이 무슨 말인지 전혀 이해하지 못했던 경험은 없는가? 말 그대로 하얀 건 종이고, 까만 건 글씨로 느껴졌던 경험이 있을 것이다. 나는 대학 신입생 때 '화학양론'이라는 과목을 수강했다. 화학양론은 화학 반응에서 반응물과 생성물의 양적 관계에 대한 이론이다. 화학 반응 전후 원자의 개수와 양이 보존된다는 사실에 바탕을 두는데, 얼핏 듣기엔 쉬워 보인다. 그러나 당시 그 과목을 공부하면서 알 수 없는 답답함에 얼마나 헤맸는지 모른다. 단위 환산부터 시작해서 외워야 하는 내용도 많고 재밌지도 않았다. 책을 봐도 알 수 없는 내용뿐이었다. 아무것도 모르는 상태에서 처음 배우는 개론은 결코 쉽지 않다. 그러나 점차 전공에 익숙해지고 용어나 개념에 통달하게 되면서 개론은 그저 입문에 불과하다는 사실을 깨닫게 됐다. 배경지식이 달라지고 생각이 넓어지면서 심화 수준의 공부가 가능해진 것이다.

먼저 자신이 관심 있는 분야로 시작하자. 업무 분야도 좋고, 흥미와 관심, 호기심이 있는 분야도 좋다. 여러 분야의 책을 읽은 후 관심 분야를 정해보자. 그리고 입문서를 읽자. 지식이 없는 상태에서 수준에 맞지 않는 책을 읽는 것은 오히려 독이 된다. 입문서로 관심 분야의 감을 익히는 과정이 필요하다. 경제 분야의 책을 읽기로 했다면 잘 쓰인 입문서나 전문가가 쓴 대중적인 책을 먼저 선택한다. 읽고 이해하기 쉬우며 실제적인 책들이 도움이 된다. 입문서를 고를 때는 기초 이론과 방법론이 정리되어 있는 것을 선택한다. 입문서는 한 권으로 해결되지 않을 때가 많다. 기본이 탄탄해야 하므로 여러 권의 입문서들을 반복해 읽으면서 기본에 대해 명확하게 파악하고 넘어가야 한다. 가령 어려운 개념이나 용어가 나왔을 때, 그것을 해결하고 넘어가지 않으면 앞으로도 그 수준을 넘길 수 없다. 기본적인 토대를 쌓아야 지적으로 수준 높은 정보도 받아들일 수 있다. 입문서나 대중서는 말 그대로 입문이고 기본이다. 그러므로 결코 그냥 넘기지 말고 다른 여러 책들을 찾아가며 막히는 부분을 해결해야 한다. 다양한 저자의 책을 읽는 것도 방법이 되는데, 책에서 이해되지 않았던 부분이 다른 저자의 책을 읽으면서 해결되기도 한다. 그 벽을 넘었을 때 느끼는 희열이 책을 지속적으로 읽는 데 동기부여가 될 것이다. 가능한 한 입문서를 천천히 읽되 마스터할 정도로 읽기를 권한다.

입문서로 기본 바탕을 마련했다면 중급서와 심화서로 나갈 수 있다. 이때부터는 스테디셀러나 참고 문헌, 추천 도서 등을 토대로 책을 고르면 된다. 사실 한 분야의 입문서만 여러 권 마스터해도 생각보다 많은 부분을 알게 된다. 책을 읽지 않았을 때와 비교하면 하늘과 땅 차이다. 우리가 많은 부분을 놓치며 살아가고 있음을 깨닫게 될 것이다. 입문서와 중급서를 마스터한다면 심화서는 당신 스스로 찾아 읽게 될지도 모른다. 해당 분야에 대해 어느 정도 실력이 길러졌기 때문에 전문서로 도전하는 일은 어렵지 않을 것이다.

지적 욕구는 늘 우리 안에 잠재해 있다. 우리가 깨닫지 못할 뿐이고 건드려지지 않았을 뿐이다. 나는 줄곧 과학만을 공부했다. 다른 분야는 베스트셀러 정도만 읽었다. 큰 관심 없이 적당히 읽었다. 직장 생활을 하던 어느 날, 우연한 기회에 인문교양에 관한 저널을 읽었는데 생각보다 재미있고 더 알고 싶은 마음이 들었다. 그날 나는 인문학, 철학, 고전, 역사, 미학까지 여러 분야의 책들을 샀다. 『강

의』,『미학 오디세이』,『알랭 드 보통의 영혼의 미술관』,『유대인이
야기』,『서양미술사』,『유럽사 산책』,『생각의 지도』,『궁극의 리스
트』,『인문학 명강 동양고전』 등 인터넷 서핑으로 여러 권을 사놓
고 읽기 시작했다. 낯선 분야에 대한 호기심이 채워지면서 점점 더
많은 분야의 책들을 읽을 수 있었다. 시작은 언제나 관심 있는 분야
가 좋다. 자신의 흥미와 호기심이 있는 곳에 열정을 쏟기 쉽다. 여
러 분야의 책을 읽다 보면 어느 순간 책과 세상을 보는 시각이나 관
점이 달라진다. 생각이 트이고 편협함은 사라지며 다양한 관점과
객관적 잣대로 세상을 바라볼 수 있게 된다. 양적으로 축적이 되면
질적으로도 변화를 일으키는 순간이 온다. 책을 통해 얻은 지식이
자신의 경험과 가치관 등과 결합해 나만의 것으로 재정리되는 때가
온다.

세상을 살아가면서 필요한 지식은 너무 많다. 자신을 성장시킬
수 있는 가장 쉬운 방법은 책 읽기이다. 처음은 어렵더라도 시작하
면 누구나 여러 분야의 전문가가 될 수 있다. 한 분야에만 능통한 사
람과 다양한 방면에 능통한 사람, 어떤 사람이 더 영향력 있는 사람
이 될 수 있을까. 일단 관심 분야의 책으로 워밍업하자. 대중서도 읽
고 입문서도 읽자. 넓고 얕은 지식을 시작으로 좁고 깊은 지식을 쌓
아보자. 어떤 일이든 워밍업이 필요하다. 천천히 시동을 걸고 달릴

준비를 한다면 속도가 붙었을 때 더 빠르게 앞으로 나아갈 수 있다.
우리의 지적 수준이 한층 업그레이드될 날이 머지않았다.

일 년에 적어도 네 분야의 책 읽기를 계획하라

고등학교 때부터 이과와 문과를 나누어 공부한다. 과를 선택할 때는 진학하고자 하는 전공 학과에 따라 결정하기도 하지만, 별다른 생각 없이 결정하는 학생들도 있다. 수학과 과학이 싫으면 문과를 선택하고, 국어나 사회보다는 수학이나 과학이 낫다고 생각될 때 이과를 선택하기도 한다. 나는 후자의 이유로 이과를 선택했다. 과학을 좋아하기도 했지만 국어와 사회 과목은 정말 자신이 없었고 공부에도 큰 재미를 느끼지 못했다. 대학에서도 수학, 과학에만 집중했지 문과 계열의 지식은 접할 일이 없었다. 그래서 역사, 경제, 인문학 분야의 책을 처음 읽기 시작했을 때 굉장히 어려웠다. 관심을 갖기 시작했지만 배경지식이 부족했기 때문에 오랜 시간 책과 씨름해야 읽어낼 수 있었다. 반대로 문과 학생들은 수학이나 과학 분야에 대해 문외한이 되기 쉽다. 특별한 관심이 없다면 과학 관련 서적을 찾아 읽지도 않을 것이다. 학교에서부터 시작된 이분법적인 교육은 지식의 경계를 정하고 강화했다. 개인이 특별한 노력을 하지 않으면 경계를 넘어 지식을 통합하고 융합하는 능력을 기르기란 여간 어려운 일이 아니다. 그러나 사회는 다양한 지식과 능력을 갖추고 융합하여 새로운 것을 창조하는 인재를 원한다. 우리가 직장 생활을 하든지 사업을 하든지 한 분야에만 국한되어서는 일하기 어려운 시대가 되었다. 지식의 경계를 넘나들며 자신의 분야를 개척하고 본인의 능력을 끌어올려야만 성공할 수 있는 시대다. 오늘을 사는 우리는 다양한 분야에 대한 지식과 능력을 개발해야 할 필요가 있다. 가장 좋은 방법은 역시 책 읽기이다.

네덜란드의 철학자 스피노자는 "나는 깊게 파기 위해 넓게 파기 시작했다."라고 말했다. 땅을 깊게 파는 일은 넓게 파기 시작해야만 가능하다. 좁게 파서는 깊이 들어갈 수가 없다. 우리가 책을 읽고 지식과 지혜를 얻는 일도 이와 같다. 어떤 분야에 대해 깊이 알기 위해서는 넓고 다양하게 시작하지 않으면 어렵다. 한 분야에만 집중하면 지루해지기도 하고 편협한 시각을 갖게 된다. 작가, 프로듀서, 영화감독, 평론가, 배우 등 직업상 많은 분야를 다루는 사람들은 다방면에 대한 지식과 경험이 필요하다. 모든 경험을 할 수 없기에 그들은 많은 정보와 경험을 책을 통해 얻는다. 평범한 직장인이라도 경험과 지식의 배경에 따라 할 수 있는 역할과 능력이 달라진다. 하나만 아는 것은 아무것도 모르는 것과 같다. 결국 넓고 다양하게 읽기는 깊이 읽기의 충분조건이다.

경영학자 피터 드러커는 남다른 독서법을 가졌다. 일정한 주기를 정하고 그 주기 동안 독서를 통해 한 분야를 마스터하는 것이다. 그렇게 60여 개 분야에 대한 책을 섭렵해서 상당한 전문 지식을 가지게 됐다고 한다. 나는 피터 드러커의 독서 방법을 토대로 두 가지 독서 전략을 생각했다.

첫 번째 전략은 일 년에 네 가지 분야에 대한 집중 공략법이다. 일 년에 네 분야, 즉 3개월 동안 한 분야의 책을 집중해서 읽으면 어느 정도의 수준을 갖게 될 것이라고 생각했다. 직장을 다니면서 대학원에 진학하는 직장인들이 많다. 나 또한 그랬다. 학과에 따라 다르지만 대학원에서는 한 학기인 4개월 동안 2~3과목 정도를 수강하게 된다. 일 년이면 적어도 4개, 많으면 6개의 과목을 수강한다. 대학원 수업을 듣기 위해서는 시간과 돈을 들여야 한다. 공부와 과제를 해내느라 개인적으로 다른 시간을 내기 힘들어진다. 대학원 학위가 필요한 경우가 아니라면, 대학원 수업에 드는 시간과 노력을 전공 분야의 책 읽기에 쏟는 편이 더 효율적이고 효과적일 수 있겠다는 생각이 들었다. 3개월에 한 분야씩 일 년에 네 분야를 섭렵한다면 5년이면 20개 분야를 알게 된다. 모르는 분야를 찾는 게 어려울 정도로 실로 놀라운 효과를 볼 수 있지 않겠는가. 각 분야에 대한 기본 지식만큼은 탄탄하게 다져질 것이다. 지금 나에게 공부하고 싶은 관심 분야를 선택하라면 역사, 인문, 육아, 마케팅 이렇게 네 가지 분야를 선택하고 싶다. 당신의 경우는 무엇을 선택하겠는가?

두 번째 전략은 책 주기율표를 만드는 것이다. 역시 관심 있는 네 가지 분야를 선정한다. 역사, 인문, 육아, 마케팅이라면 매달 첫째 주는 역사, 둘째 주는 인문, 셋째 주는 육아, 넷째 주는 마케팅 책을 읽는 방법이다. 한 달을 주기로 순서는 바뀌어도 상관없다. 다만 매달 읽어야 하는 네 가지 집중 분야는 동일하다. 다른 책들은 틈틈이 읽되 집중 분야의 책은 한 주를 주기로 읽는 것이다. 이대로 6개월, 또는 일 년을 지낸다. 지루하다면 3개월 주기로 해도 좋다. 이런 과정으로 책을 읽으면 분야별 책 읽기의 노하우가 생길 것이다.

체계적인 독서를 위한 자신만의 방법이 있으면 좋다. 마구잡이로 읽는 것이 편하다면 그렇게 할 수도 있다. 그러나 다양하게 읽는 것과 체계가 없는 것은 다르다. 규칙을 정해놓고 읽을 때 더 효율적인 책 읽기와 지식의 습득이 가능해진다.

읽고 싶은 분야를 선정하고 방법을 정했다면 그 분야의 스테디셀러, 꼭 읽어야 할 필독서를 읽는다. 저자에 대한 정보도 파악하고 저자의 다른 책들도 읽어본다. 같은 주제에 대한 다른 저자들의 책도 읽어본다. 그래야 한 주제를 다양한 시각으로 살펴보고 심도 있게 다룰 수 있게 된다. 저자들의 주장을 파악하면서 자신의 주장이나 생각을 정리하는 작업이 반드시 필요하다.

아무리 맛있는 음식도 한 가지만 먹으면 영양 불균형을 초래할 수 있다. 책도 여러 분야의 책을 다양하게 읽는 게 좋다. 10권의 책을 동시에 읽어도 좋고, 서로 다른 네 분야의 책을 같이 읽어도 좋다. 한 분야만 집중해서 읽으면 시야가 좁아지고 외골수가 되기 쉽다. 사고의 흐름도 막힐 수 있고, 패러다임의 전환도 어렵다. 자신의 세계에 갇히지 않기 위해서 골고루 읽는 노력이 필요하다. 주위의 많은 여성들이 소설이나 여행기, 에세이 등을 위주로 책을 읽는다. 물론 여성의 섬세한 정서를 건드리는 감정적인 이야기들이 필요하고, 그런 책들은 마음을 달래주는 역할도 한다. 그러나 감정에 치우친 글들을 위주로 읽다 보면 자신의 세계에 갇히기 쉽고 논리적인 글을 더 어렵게 느낄 수 있다. 개인의 취향도 중요하지만 사고와 지적 자극을 위해 다양한 분야의 책 읽기를 권하고 싶다.

고대 철학자들은 철학만을 연구하지 않았다. 철학, 과학, 종교, 예술, 정치 등 모든 분야를 넘나들었다. 자신이 경험하지 못한 분야에 대한 호기심과 새로운 것을 만날 때의 기쁨은 크다. 그러나 우리가 살아가면서 만날 수 있는 사람도, 접할 수 있는 새로운 환경도 제한적이다. 나의 생각과 내가 속한 범주 안에서는 생각하지도, 만나지도 못했던 세계가 책에 담겨 있다. 책을 통한다면 큰 어려움 없이 새로운 세계를 만날 수 있다. 당신의 관심은 어디에 있는가? 항상 같은 쪽에만 집중되는 관심과 시선을 새로운 곳으로 돌려보는 것은 어떨까. 새로 시작하는 한 주 또는 새로운 한 달을 기점으로 여러 분야의 체계적인 책 읽기를 계획해보자. 새로운 전공을 공부한다는 생각으로 시간표도 작성하고 커리큘럼도 짜 보자. 필요한 책을 선정하고, 강의 계획을 세워보자. 자신을 계발하는 일은 늘 가슴 뛰는 일이다. 새로운 책 읽기로 확장된 세계를 가질 나의 모습을 기대하자. 의지가 있다면 책은 언제든 당신의 길을 열어줄 테니 말이다.

3장
좁고 깊게 그리고
넓고 얕게 읽는 법

160

정독이 아니라 발췌하며 읽어라

나는 책을 읽고 독서 노트를 즐겨 적었다. 요즘은 책에다 모두 정리를 하는 편이라 노트를 따로 쓰지는 않지만 지난 몇 년간 독서 노트를 적었다. 한 권씩 리스트에 추가되는 책 제목을 볼 때면 뿌듯해진다. 그런데 한 가지 문제가 있었다. 반쯤 읽다가 더 이상 읽지 못하는 책들이 생긴 것이다. 배경지식이 없는 너무 어려운 책을 선택했거나 재미가 없는 책들이 문제였다. 시작했으니 어떻게든 끝을 봐야한다는 생각으로 반 정도는 읽더라도 그 이상은 더 읽을 수 없었다. 더 정확히 말하자면 읽기 싫었다. 그렇다고 그만 읽자니 왠지 찜찜한 느낌이 들어 고민도 많았다. 또 하나의 고민은 읽다가 그만둔 책들을 리스트에 추가해야 하는지 말아야 하는지의 문제였다. 읽다가 중단한 책을 리스트에 추가하지 않는다고 생각하니 아까워서 조금 더 참고 읽다가 포기한 적도 있다. 지금 생각하면 별것 아닌 고민을 그땐 왜 했는지 모르겠다.

결론부터 말하자면, 아무 상관없는 일이다. 책을 읽다가 그만두어도 좋고, 끝까지 참고 읽어도 괜찮다. 리스트에 반쯤 읽은 책으로 표기해도 좋고 하지 않아도 상관없다. 책의 권수가 나의 독서를 말해주는 것이 아니다. 중요한 것은 내용을 얼마나 이해하며 읽었느냐이다. 한 권을 완독했어도 기억하는 내용이 없다면 제대로 읽은 것이 아니다. 반만 읽었어도 필요한 내용을 기억하고 내 것으로 만들었다면 효과적인 독서를 한 것이다. 너무 틀에 매이지 않는 것이 좋다. 나는 성격상 한 권을 읽기 시작하면 대체로 끝까지 읽는 편이다. 어렵거나 재미가 없더라도 일단 읽는다. 읽고 나서 후회할 때도 있지만 그렇게 읽다가 우연히 발견하거나 얻는 통찰도 있다. 그럴 땐 기쁨이 배가 된다. 선택은 자유다.

책을 읽을 때 완독에 대한 부담감을 가지지 않았으면 한다. 나를 포함하여 생각보다 많은 사람들이 완독을 해야만 책을 다 읽었다고 생각한다. 그러나 책의 내용을 100%라고 했을 때 100%가 모두 중요한 책은 없다. 책에 대한 상담을 할 때 한 권의 책을 읽고 한 가지, 많으면 세 가지 정도의 핵심 내용을 정리하라는 조언을 많이 하게 된다. 그 말인즉슨 한 권의 책에서 중요한 것은 20% 정도라는 뜻이다. 나머지 80%는 20%를 설명하기 위한 보조 설명일 뿐이다. 그렇다면 지금 당신이 읽고 있는 이 책의 핵심은 무엇인가? 당신을 독서의 길로 인도하고자 하는 평범한 주부의 스토리이다. 독서를 통해 당신이 이기는 인생을 살았으면 좋겠다는 저자의 바람이 담긴 책이다. 저자인 나의 생각과 주장을 풀어 글로 엮었을 뿐 핵심은 한 가지이다. 전공서나 심화서가 아닌 이상, 대부분의 책은 중심 내용이 정해져 있다. 책 제목만 봐도 그렇지 않은가. 늘 시간에 쫓기면서 굳이 한 권을 완독해야 한다는 부담을 가질 필요는 없다. 마찬가지로 모든 책을 정독해야 한다는 부담도 버려야 한다. 완독과 정독은 뗄 수 없는 관계처럼 보인다. 그러나 완독하지 않아도 정독할 수 있고, 반대로 정독하지 않아도 완독할 수 있다.

책을 읽을 때는 정독이 아니라 중요한 내용만 발췌하며 읽는 것이 핵심이다. 책을 많이 읽어 배경지식이 늘어날수록 다른 책을 쉽게 읽을 수 있다. 그것은 이미 알고 있는 내용이 많다는 뜻이다. 이미 알고 있는 내용을 계속 반복하는 데 시간을 사용할 필요는 없다. 알고 있는 내용은 지나가고, 새로운 내용이나 더 알고자 하는 내용을 위해 시간을 투자하는 것이 바람직하다. 그것이 발췌하며 읽기다. 책의 목차만 살펴봐도 어떤 부분이 자신에게 필요하고 도움이 되는지 판단할 수 있다. 중요한 핵심을 먼저 읽거나 필요한 부분을 먼저 읽는 것이 책 읽기의 기술이다.

수능 시험에서 외국어^{영어} 영역을 풀 때를 떠올려보자. 문제의 답을 찾기 위해 긴 지문을 다 읽을 필요는 없었다. 첫 문장이나 접속사 뒤의 문장을 제시된 보기와 비교하며 답을 찾는 것이 보통이다. 토익을 배울 때도 영어의 모든 것을 알려고 하지 않는다. 만일 그래야 한다면 어떻게 3개월 만에 토익 점수를 올릴 수 있다는 광고가 나오겠는가. 토익 공부는 문제 푸는 기술을 배우는 것이다. 기술을 배우면 우리가 원하는 목적지에 도달하는 시간과 노력을 아낄 수 있다.

이제 책을 읽는 것에 적용해보자. 먼저 책의 제목과 앞표지, 뒤표지를 살핀다. 제목을 포함해 표지에 적힌 문구들은 책의 핵심 내용인 동시에 저자가 독자에게 어필하고 싶은 내용이기도 하다. 다음으로는 목차를 자세히 살핀다. 전체 큰 장들의 제목을 보고 세부 목차를 확인한다. 목차만 제대로 확인해도 독서의 효과를 높일 수 있다. 작가와 출판사는 목차를 통해서 독자의 호기심을 끌어내야 하므로 목차를 집중하여 만든다. 따라서 우리는 목차를 보고 자신에게 필요한 내용, 읽을 필요가 있는 부분, 궁금증이 유발되는 부분을 체크하고 집중적으로 읽으면 된다. 목차는 그렇게 하라고 있는 것이다. 이렇게 필요한 것만 골라 읽는 방법이 발췌하며 읽기다. 발췌하여 읽기 전에 인터넷 서점 사이트에서 책을 검색해서 출판사의 글이나 서평을 읽어보는 것도 좋은 방법이다. 무엇이 핵심인지 파악하는 데 도움이 된다. 위의 방법들은 책을 좀 읽는다는 사람들은 누구나 사용하는 방법일 것이다. 이처럼 정독하겠다는 욕심을 내려놓고 우선적으로 필요한 부분에 집중하여 읽는 것이 효율적으로 책을 읽는 방법이다. 정독할 책은 따로 있다. 필요한 부분을 발췌하며 읽은 책 중에서 중요하다고 생각되는 책, 여러 번 반복해서 읽을 만한 가치가 있는 책을 정독하는 것이다. 한 번 읽고 다시 처음부터 완독한다면 그 의미를 더욱 잘 이해할 수 있게 되니 효과적인 방법이라 할 수 있다.

나는 원래 발췌독을 많이 하지 않았다. 글의 흐름을 따라 읽으며 행간의 의미를 생각하고 저자의 메시지를 확인하기 위해 처음부터 끝까지 읽는 것이 좋았다. 그러나 대학원에서 논문을 쓰며 발췌독을 시작했다. 수많은 책과 정보를 다 읽을 수도, 머릿속에 기억할 수도 없었다. 어쩔 수 없이 책의 핵심을 읽고 필요한 부분을 훑어보는 방법으로 책을 읽기 시작했는데, 빠르고 간편하게 책을 읽고 내용을 기억할 수 있었다. 핵심을 파악하는 데 어렵지 않았으며, 많은 정보를 간추려서 필요한 것만 쏙쏙 내 것으로 만들 수 있었다. 다만 영어를 처음 배우는 사람에게 토익을 가르치지 않듯, 이제 막 독서를 시작하는 사람에게는 추천하지 않는다. 독서 습관을 들이기 어렵고,

독서의 참 매력을 배울 수 없기 때문이다. 어느 정도 독서 실력을 갖춘 사람들에게 추천한다. 지식을 넓히는데 도움이 되고 시간도 절약되며 핵심을 파악하는 능력도 기를 수 있다.

책을 읽는 방법은 다양하다. 자신의 성향에 따라, 책의 내용에 따라, 필요에 따라 책 읽는 방법은 다르게 해야 한다. 바쁜 시간을 내어 책을 읽는 현대인들에게 발췌하며 읽기는 시간을 효율적으로 사용할 수 있도록 도와주는 방법이다. 틈새 시간을 이용하여 독서할 때, 집중하여 읽기 어려울 때, 빠르게 책 내용을 섭렵해야 할 때, 넓고 다양한 지식이 필요할 때 발췌독이 도움이 된다. 발췌하며 읽기를 통해 자신에게 맞는 책과 필요한 정보를 찾아내는 능력도 기를 수 있다. 매일 세 끼 식사를 해도 매번 반찬이 달라지고 음식의 종류에 따라 먹는 방법도 달리한다. 책을 보더라도 내용과 목적에 따라 다른 방법으로 읽을 수 있음을 기억하자. 조금 더 똑똑하게 오늘 읽어야 할 책을 읽기 바란다.

4장

쉽게 읽고 즉시 적용하는
상황별 독서

스트레스를
받을 땐
서점을 산책하라

나는 외국 계열의 보험 회사에 다녔다. 일의 특성상 사람들을 많이 상대했는데, 혼자 일하는 것이 편했던 나는 스트레스를 많이 받았다. 고객과 설계사, 회사의 중간 위치에서 의견을 전달하고 일을 성사시켜야 했고, 발전을 기대할 수 없는 잡다한 업무도 많았다. 금융이나 보험에 관심이 없었기에 더욱 일이 즐겁지 않았다. 직장을 다니는 동안 늘 스트레스 상태였다. 일을 다 마쳐야 한다는 부담감에 하루 종일 일에만 몰두하기도 했고, 점점 웃음을 잃어갔다. 아침마다 울면서 출근하고 지쳐서 퇴근했다.

그러던 차에 회사가 잠시 어려워지면서 희망퇴직 신청을 받았다. 입사하고 1년이 조금 넘었을 때였다. 동기들이나 선배들 대부분은 생각지도 않았지만 나는 이때가 기회다 싶었다. 바로 희망퇴직을 신청했고 많은 퇴직금과 함께 자유를 얻을 것이라 생각했다. 그리고 두 달여쯤 지났을까. 회사에서 희망퇴직 승인 여부를 발표했다. 당연히 승인되었을 것이라 생각하고 열어본 대상자 명단에 내 이름은 없었다. 지난 두 달간 퇴직만을 꿈꾸며 버텼는데 그 꿈이 사라지는 순간이었다. 100미터만 가면 결승이라고 해서 열심히 달렸는데 도중에 결승선이 없어진 듯한 느낌이랄까. 말로 표현하기 어려운 좌절감이 몰려왔다. 며칠 동안 미치도록 울었다. 그리고 극심한 스트레스 상태가 되었다.

그때부터 회사는 이전보다 더 지옥 같은 곳이 되었다. 스트레스 상태가 지속되자 몸에 이상이 왔다. 이명이 들리기 시작했다. 이비인후과에도 다니고 한의원에서 치료도 받았다. 그러나 호전되지 않았다. 병원에서는 스트레스가 원인이라고 했다. 6개월쯤 후에 나는 새로운 부서로 발령이 났고 이를 계기로 회사를 그만두었다. 스트레스와 적은 퇴직금을 들고 자진해서 말이다. 이때가 내 인생 최고의 스트레스를 안고 살았던 시간이었다.

스트레스 관리 제품을 판매하는 회사가 있다는 사실을 알고 있는가? 고객이 자신의 감정을 들여다보고 스트레스를 다스릴 수 있게 만드는 제품이다. 오늘날 사람들이 받는 스트레스가 얼마나 많으면 이러한 사업을 하는 회사가 생겨났을까 싶다. 우리는 하루에도 수많은 스트레스를 경험한다. 업무 과다, 관계의 어려움, 가정 문제, 취업, 결혼, 질병, 금전 문제 등 개인이 처한 모든 부정적인 상황은 스트레스를 만든다. 취업을 준비하며 불안감에 시달리는 것도 스트레스요, 카톡으로 시도 때도 없이 업무를 지시하는 상사도 스트레스다. 어디 어른들뿐이겠는가. 요즘은 아이들의 스트레스가 더 크다고 한다. 각종 학원에, 학습지에, 부모의 압박과 학교에서의 문제까지 아이들의 스트레스도 다 말하기 어렵다.

스트레스를 받으면 부정적인 감정을 가지게 된다. 부정적인 감정을 오랫동안 유지하면 긍정적이고 힘이 되는 생각을 하기 어렵다. 매 순간 감정을 소모하며 사는 우리에게는 스트레스 관리가 꼭 필요하다. 지나친 스트레스는 우리의 생각과 마음을 마비시킨다. 열정을 사그라지게 하고 충동적이게 하며 목표를 잃어버리게 한다. 우울감과 불안감, 수치심, 부정적 자기애를 만들고 더 나아가 몸의 질병을 만든다. 스트레스를 잘 관리하는 것이 곧 생각과 마음, 건강을 관리하는 길이다. 스트레스를 무조건 해소하려 하기보다는 자신이 왜 스트레스를 받는지, 어떤 감정을 느끼는지, 왜 이러한 감정을 갖게 됐는지 먼저 돌아보는 것이 중요하다.

나는 스트레스를 심하게 받은 날이면 퇴근길에 서점으로 향했다.

업무량이 많아 하루 종일 쉴 틈이 없었다. 나만 바빠 보이는 것도 스트레스요, 많은 설계사들과 일하는 것도 나를 더욱 지치게 했다. 걸려오는 전화도 싫었고, 시시콜콜한 일을 시키는 사람들도 싫었다. 아무 방해 없는 혼자만의 시간이 필요했다. 집에서 혼자 시간을 보내는 것은 우울감만 더할 뿐이었다. 부정적인 생각을 하거나 의미 없이 TV 채널만 돌렸다. 그러나 서점은 늘 새로운 책과 배워야 할 것들이 가득한 곳이다. 역동적인 곳이며 내게 흥분감과 설렘을 줄 수 있는 곳이다. 그런 점에서 서점은 나의 스트레스를 다스릴 수 있는 최고의 장소이다. 혼자 천천히 시간을 보내기에 안성맞춤이다.

나는 서점에 가면 먼저 팬시 코너를 둘러본다. 대형서점에는 어디든 팬시 코너가 있다. 문구류부터 장식품, 전자제품, 가방에 이르기까지 없는 게 없다. 아이디어 제품도 많고 볼거리도 가득하다. 평소 예쁜 물건에 관심이 많은 편은 아니지만 아기자기한 소품들을 구경하다 보면 기분이 좋아진다. 맘에 드는 물건을 발견한다면 더할 나위 없이 좋다. 쇼핑의 기쁨도 누린다. 연말엔 카드나 다이어리를 고르는 재미도 쏠쏠하다. 그러다보면 이미 불편한 감정과는 거리가 생긴다.

팬시 코너를 둘러본 후에는 베스트셀러 코너로 간다. 어떤 책들이 베스트셀러에 올랐는지 확인하고 한 권씩 들춰본다. 눈길 가는 제목의 책도 살짝 읽어본다. 베스트셀러도 분야별로 정리되어 있기 때문에 그것만 돌아봐도 시간이 꽤 걸린다. 베스트셀러를 둘러보면 트렌드를 읽을 수 있어 시대와 사람을 이해하는 데 도움이 된다. 인문, 자기계발, 여행, 소설, 에세이, 문학, 사회, 종교, 역사, 가정, 육아 등 구경하고 싶은 책이 너무 많다.

시간이 여유로운 주말에는 서점에 앉아서 책을 읽기도 한다. 그만큼 집중이 잘된다. 이것 또한 내가 서점을 좋아하는 이유다. 책 읽는 사람들 곁에서 함께 책을 읽으면 그 분위기 속에 내가 있음을 느끼게 되면서 '책 읽는 나'로 전환된다. 읽는 재미, 생각하는 재미를 느낄 수 있다. 사람들을 구경하는 재미는 덤이다. 서점에서 사람들을 보다보면 생기도 느낄 수 있다. '이렇게 많은 사람들이 책을 사기 위해 이곳에 왔구나.', '무언가 배우고자 하는 사람들이 정말 많구나.'를 느끼며 나도 다시 열정을 가져야겠다고 마음을 다잡는다. 책으로 위로를 받고, 책 읽는 사람들을 보며 도전을 받는다. 서점은 조용하지만 어느 곳보다 활기가 넘치고 열정이 가득한 곳이다. 방법을 찾으면 서점은 최고의 놀이터가 될 수 있다.

지금은 육아를 하니 마음대로 서점에 가기 어렵다. 도서관은 책을 읽어줄 수 있는 이야기 방이 있어 아이를 데려가기 수월하지만, 서점은 그럴 수 없다. 얼마 전 아이와 서점 나들이를 시도했다. 첫 번째 시도 땐 아이가 좋아하는 캐릭터 동화책만 고르다 끝났다. 마음먹고 나선 두 번째 나들이는 꽤나 멋진 시간이었다. 서점 근처 백화점에서 열심히 놀아 주었더니 아이는 잠이 들었고, 계획대로 나는 서점으로 향했다. 유모차에서 잘 자는 딸아이 덕에 3시간 동안 마음껏 책을 읽으며 행복해했다.

직장 생활이 스트레스인가? 취업이 안 돼서 고민인가? 관계가 당신의 마음을 어렵게 하는가? 풀리지 않는 문제로 답답한가? 그렇다면 서점으로 가보라. 서점에 답이 있다. 책 속에도 답이 있지만 서점에도 분명 당신이 찾는 답이 있다. 스트레스에서 벗어나 서점에 발을 딛고 서 있다 보면 사람이 보이고 책이 보인다. 하나라도 더 배우기 위해 참고서를 사는 사람들도 있고, 교양을 위해 대중서를 읽는 사람도 있다. 하나같이 마음의 문을 열고 책을 고른다. 서점에서는 누군가를 경계할 필요도 없고 다른 사람을 크게 신경 쓰지 않아도 좋다. 책과 자신에게만 집중하면 된다. 당장이라도 꺼내 읽고 싶은 책들이 눈에 들어올 것이다. 나를 노려보고 있는 책도 보이게 된다. 사람 구경도 하고 책도 살펴보며 그렇게 시작하는 것이다. 책과 이야기하고 더 가까워지며 감정을 정리하고 생각의 문을 열자. 문제보다는 해결 방법에 집중하게 된다.

책과 사람과 이야기가 있는 곳 서점. 그곳을 당신의 놀이터로, 휴식 공간으로 만들어보자. 긍정적이고 행복한 감정이 스트레스를 사그라지게 한다. 친구도 좋고, 연인끼리 가도 좋다. 남편과 아내, 아이와 함께 가도 좋다. 무수히 많은 책들이 주는 신선한 자극이 당신을 맞아줄 것이다.

외로움에 지칠 때
에세이와
대화하라

소셜 네트워크가 더욱 활발해지는 요즘, 잘 모르는 사람과도 SNS를 통해 쉽게 교류할 수 있다. 팔로우만 하면 언제든 상대의 사진과 글을 볼 수 있고 나를 보일 수도 있다. 그에 비해 실제로 가깝게 교제하고 만남을 유지해 나가는 사람들은 줄어들고 있다. 수많은 경쟁에서 살아남기 위해 애쓰고 바쁜 일상에 치이다 보면 그나마 있는 관계를 유지하기도 어렵고, 새로운 사람을 만나기란 더더욱 어렵다. 관계를 중요시하는 사람들은 적어지고 속 깊은 얘기를 할 수 있는 만남은 줄어든다. 많은 사람들과 부딪히며 살아가지만 정작 나와 깊은 관계를 맺는 사람은 별로 없다. 군중 속 외로움은 커져간다.

요즘 혼술혼밥족이 늘어나고 있다. 혼자 술을 먹고 밥을 먹는 사람들을 이르는 말이다. 그들을 위한 상품과 그들을 대상으로 하는 마케팅이 인기 있을 만큼 혼술혼밥은 대세가 되었다. 혼자 생활하는 1인 가구도 많이 늘어났다. 사람들은 점점 혼자 하는 일에 익숙해지고 혼자 하는 일을 즐긴다.

많은 사람들 속에 있다고 외롭지 않은 것도 아니고, 혼자라고 무조건 외로운 것도 아니다. 가족이 있고 배우자가 있어도 외로울 수 있다. 우리는 본래 홀로인 존재였기 때문에 외로움은 우리의 자연스러운 본성이다. 외로움은 누구에게나 찾아오는 감정이다. 여자는 봄을 타고 남자는 가을을 탄다는 말이 있다. 계절을 탄다는 것은 외로움을 직면할 때 느끼는 감정이 아닐까 하는 생각이 든다. 자신의 감정에 민감해지고 존재의 이유를 묻게 되는 것에서부터 쓸쓸하고 우울하고 외로운 감정이 시작된다. 언제든 누구든 외로움에 직면할 수 있다.

누군가에게 전화를 걸어 마구 수다 떨고 싶은데 저장된 전화번호를 아무리 훑어봐도 마땅히 전화를 걸 사람이 없을 때, 차를 함께 마시며 인생이야기를 나눌 누군가가 필요할 때, 텅 빈 방에 혼자 우두커니 앉아 있을 때, 문득 들려온 노래에 집중하다가 갑자기 울컥할 때 우리는 외로움을 느낀다.

'관계 중독'이라는 말을 들어본 적이 있는가? 끝없이 타인에 집착하고 관계에 집착하는 정서적 불안으로부터 야기되는 중독이다. 타인에게 좋은 사람이 되고 싶어 상대방의 감정과 반응, 행동에 집착하며 상대방에게 의존하는 것이다. 상대방에게 관심과 사랑을 바라고 자신의 기대에 부응해주지 않으면 상대에게 분노한다. 김형근 서울중독심리 연구소 소장은 한 기사에서 다음과 같이 말했다. "사회적으로 다양한 그룹이나 관계에 젖어드는 건 외로움 때문이지, 그것 자체가 관계 중독은 아니다. 다만 관계 중독의 정서적 특징이 외로움이다." 외로움 때문에 사람을 찾지만 더 외로움을 느낄 수밖에 없는, 외로움이 만들어 내는 심각한 마음의 질병이다.

나도 사람 때문에 외로운 적이 있었다. 사람이 사람을 외롭게 한다는 사실은 인정하고 싶지 않았지만 인정할 수밖에 없었다. 곁에 있지만 나와 다른 누군가, 나와 다른 생각을 하고 나와 다른 마음을 가지고 있고, 나와 다른 자신의 삶을 살 수밖에 없는 누군가. 그런데 더 인정하고 싶지 않았던 것은 사람을 외롭게 하는 것도 사람이고 외로움을 위로해주는 것도 사람이라는 사실이다. 그 누군가 때문에 밤잠을 설치기도 하고 행복해서 미소를 짓기도 한다. 결국 외로움이라는 것은 자신이 만들어내는 감옥이라는 생각도 들었다. 외로움이 지속된다는 것은 나의 마음을 스스로 닫고 있다는 증거이기도 하다.
우리의 행복과 기쁨, 슬픔과 고난은 대체로 사람 사이에서 생겨

난다. 외로움을 느낀다는 것은 누군가의 관심과 위로가 필요함을 느낀다는 뜻이기도 하다. 마음을 열어야 할 필요가 있다. 사람은 매우 연약한 존재다. 오늘 누군가를 위로해주었다면 내일은 거꾸로 누군가의 위로를 받으며 살게 된다. 만약 당신을 위로해줄 사람이 곁에 없거나, 혹은 누군가의 위로가 진심으로 위로가 되지 않을 때 당신에게 더 깊은 위로를 줄 수 있는 것이 바로 책이다. 한 권의 좋은 에세이를 읽는 것을 추천한다. 작가들의 통찰력 있는 글귀와 책 속에 담긴 감정은 외로운 당신의 마음을 위로하기에 충분하다. 책을 통해 위로 받는 경험을 한 독자는 책에서 결코 멀어질 수 없다.

에세이는 저자가 자신의 생각과 감정을 자유롭게 표현한 글이다. 따라서 그 안에는 저자 자신이 그대로 담겨있다. 딱딱하지 않고 자유로운 글 속을 헤매다 보면 나 또한 심리적 자유를 느끼게 된다. 현실적인 우리의 이야기를 진솔하게 담고 있기에 공감하며 읽을 수 있다. 에세이를 읽으며 내가 느끼는 가장 큰 장점은 공감과 반추이다. 한 구절 한 구절 마음에 와 닿는 말들로 인해 마음이 싱숭생숭해질 때도 있고 진심으로 위로를 받을 때도 있다. 내 삶을 반추하며 나는 어떤가 자연스레 생각할 수 있게 만드는 것도 에세이의 힘이다. 굳이 생각하려 하지 않아도 자꾸만 돌아보게 하고 생각하게 한다. 애쓰고 집중하지 않아도 천천히 생각하며 읽게 되는 책, 한 권을 읽고 나면 마음이 따뜻해지고 내가 살아 흐르는 느낌이 드는 책이다. 그래서 나는 에세이를 좋아하고 즐겨 읽는다.

최근에 읽은 에세이는 『뜻밖의 위로』라는 책이다. '나의 외로움을 달래준 순간의 기억들'이란 부제를 가졌다. 누군가의 배려로 위로 받은 기억과 일상의 소소한 생각을 담은 작가의 글을 읽으면 내 마음 또한 책 위에 살포시 내려놓게 된다. 위로 받고 싶은 나의 마음을 위로해준다. 그리고 괜찮다고, 잘하고 있다고 토닥여주는 글 속에서 다시 힘을 얻었다. 아이를 키우고 살림만 하며 지내던 소외된 나를 위한 메시지였다.

"살아갈 힘을 주는 것은 그렇게 크고 거창한 일들이 아니다. 슬픔과 외로움에 지친 사람에게는 요란스러운 응원보다는 작지만 진심이 담긴 친절이, 많은 말보다 작은 미소가 더 큰 위로를 준다."는 작가의 말처럼, 거창한 무엇보다 작은 말과 웃음 하나가 더 큰 위로를 줄 수 있다.

오래전에 장영희 교수의 『살아온 기적 살아갈 기적』이라는 책을 읽은 적이 있다. 장영희 교수는 소아마비 장애와 유방암, 척추암, 간암 등 큰 질병 속에서도 희망을 갖고 살았는데 안타깝게도 2009년 간암으로 투병하던 중 생을 마감하였다. 장영희 교수의 책에는 견디기 힘들 정도의 신체적 고통과 아픔이 희망이라는 이름으로 바뀌어 있었다. 그녀가 남긴 글은 많은 사람들에게 희망을 주기에 충분하다.

"내가 살아온 기적이 당신에게 살아갈 기적이 될 것이다.", "아무리 노력해도 상황이 달라지지 않는 시간이 계속될 때 인생에서 많은 것을 상실하는 '겨울'이 시작되었다는 것을 이해하는 것만으로도 그 시간을 살아갈 힘을 얻었거든요."

그녀는 사건 그 자체가 아니라 사건을 이해하지 못하는 상태가 고통을 지속시킨다고 말했다. 자신의 몸과 마음의 작용을 이해하고, 자신이 겪는 일들을 성찰할 수 있어야만 고통으로부터 자유로워질 수 있다고 했다. 살아온 것이 기적이며 살아갈 것이 기적이라는 저자의 마음이 절절히 느껴져 눈물을 쏟으며 읽었던 기억이 난다. 누구보다 외로울 것 같은 저자가 누구보다 씩씩하게 자신의 삶을 기술하는 것이 더 마음을 울렸다. 세상 속에서 외로움을 느꼈을 때 가슴을 울리는 에세이를 읽으며 외로움을 달랠 수 있었다.

외로움은 타인과의 단절에서 발생한다. 혼자이든 군중 속이든 나 자신이 타인과 연결되지 않았다는 생각이 들 때, 타인과의 관계 속에서 나 자신이 홀로임이 느껴질 때 우리 마음에 외로움이 생길 수 있다. 누구에게나 찾아오는 복잡하고 힘든 감정임에 틀림없다. 그 감정을 없앨 수는 없지만 내가 외로움을 느끼는 상태임을 인지하고 이해할 필요는 있다. 이해하고 나면 그 감정에 휘둘리지 않게 된다. 에세이가 외로움을 직면한 당신에게 도움이 될 것이다. 에세이를 통해 우리의 생각을 돌아보고 내 마음을 위로해주자. 스스로 위로 받고 필요한 다른 사람들에게도 위로를 나눠주자. 나의 진심이 누군가의 마음과 만나 위로와 회복과 작은 기쁨을 만들어낼 수 있다. 외로운 마음이 든다면 오늘 에세이 한 권 읽어보는 건 어떨까. 자신도 모르게 마음이 따뜻해짐을 느끼게 될 테니까.

위로가 필요할 땐
동기 부여가 되는
책을 읽어라

"내가 필요할 땐 나를 불러줘, 언제든지 달려갈게. 낮에도 좋아 밤에
도 좋아, 언제든지 달려갈게."

한때 유행하던 대중가요의 한 소절이다. 사랑하는 너를 위해 언
제든지 무조건 달려간다는 메시지를 담고 있다. 인생을 살다 보면
위로의 시간이 많이 필요하다. 우리는 서로 위로하기도 하고 위로
받기도 하며 성숙해간다. 위로해주기 위해 낮이든 밤이든 달려올 사
람이 당신 곁에는 있는가?

일상의 소소한 문제들부터 인생의 중요한 문제들까지 우리 삶
에는 많은 어려움이 찾아온다. 이별, 사별, 관계의 어려움, 갑작스런
퇴사, 건강의 문제, 천재지변, 장애 등을 경험하기도 한다. 취업이

안 될 때, 가족이 아플 때, 일이 잘 풀리지 않을 때 등 소소하게 위로가 필요한 순간들도 얼마나 많겠는가. 때로 말 한마디에 위로를 얻고 다시 일어설 힘을 얻기도 한다. 마음이 지나치게 힘들면 사람마저 만나기 싫어질 때가 있다. 사람에게서 조언을 찾을 수 없을 때도 있다. 그럴 땐 책의 도움을 받는 것도 좋은 방법이다. 동기 부여가되는 책을 읽으라고 권하고 싶다.

나에게도 큰 위로가 필요했던 순간들이 있었다. 수능시험을 잘보지 못해 낙심했을 때, 친구와 같은 대학에 수시 면접을 보았지만나만 떨어졌을 때, 회사에서 명예퇴직 신청이 반려됐을 때, 교제하던 남자 친구와 헤어졌을 때 등이었다. 꿈을 찾는 길을 잃었을 때도그랬다. 절망했고 낙심했던 순간들이었다. 나의 20대는 꿈을 찾아가는 시기라고 생각했다. 그래서 여행도 다니고, 어학연수도 가고, 직장 생활도 하고, 공부도 하며 나름대로 열심히 살았다. 그러나 내가 좋아하는 일이 무엇인지 찾지 못했고 그것이 늘 후회스러웠다. 좋아하고 잘 할 수 있는 일이 무엇인지를 고민하며 보낸 시간이 많았다. 이 일 저 일 다양하게 시도해 보았지만 자신감도 없었고 꾸준히 실행하지 못했다. 목적이 분명하지 않았기 때문이다. 성공한 사람들이 그저 부럽기만 했다. 동기 중 한 명은 대학 졸업 후 바로 취직해서 일찍 팀장이 되었고 또 다른 친구는 회사에서 얻은 경험과 지식으로 사업을 시작했다. 다들 무엇인가를 하는데 나는 아무것도 이룬 게 없는 것 같아 마음이 힘들고 속상했다.

위로가 필요했을 때 내가 선택한 것은 책이었다. 꿈을 찾지 못해 방황했을 때, 위로가 필요할 때 읽었던 책이 동기 부여를 해주는 책이었다. 독서를 통해 다시 열정적으로 할 수 있는 일을 찾기를 바라는 절박한 마음이었다.

나는 김미경 강사를 좋아한다. 그녀처럼 멋있게 강연도 하고 사람들과 소통하면 좋겠다는 생각을 했다. 그녀의 삶을 배우고 싶었기에 그녀의 책을 읽었다. 그녀의 꿈은 생생하고 실제적이었다. 그녀의 책을 통해 꿈을 이루어나가는 모든 과정이 꿈이 된다는 것을 깨달았다. 말로만 꿈꾸지 말고 몸으로 꿈을 꾸어야 함을 배웠다. 그녀의 열정과 노력은 정말 본받을 만하다. 한시도 쉬지 않고 꿈만을 위해 달려온 그녀는 여성들뿐만 아니라 남성들에게도 본이 되고 도전이 된다. 그녀는 꿈이 쉬워서 도전할 수 있었을까? 아니다 자신의 꿈이 소중했기 때문에 도전할 수 있었을 것이다. 그녀라고 어찌 힘든 시절이 없었겠는가. 고통의 과정을 통해 성장한 것이다.

그녀의 책을 읽고 답답했던 마음에 숨통이 트이는 느낌이었다. 나와 같은 고민을 하고, 나와 같은 인생 여행을 하고 있는 사람들이 있음을 깨닫게 되었다. 더 중요한 것은 열정을 다시 찾게 된 것이다.

그리고 다시 진지하게 꿈을 대면하는 과정을 가졌다. 열정이 생기니 누가 시키지 않아도 저절로 마음이 두근거리고 무엇이든 할 수 있을 것 같은 자신감도 생겼다.

마음이 상하고 낙심될 때, 앞서 걸어간 사람들의 이야기를 통해 위로를 얻고 자신감을 배울 수 있다. 그들의 이야기를 듣는 것만으로 힘을 낼 수 있게 된다. 도전하고 싶고 자신을 일으켜야 할 이유를 찾게 된다. 저자가 실수와 어려움을 극복하고 삶을 성장시키는 내용을 읽으면서 우리도 그와 같이 도전하고 다시 시작할 수 있는 힘을 얻게 된다. 동기 부여가 되는 책을 읽으면 자신감도 생기도 긍정적인 힘도 기를 수 있는 것이다.

위로가 필요할 때 자서전을 읽는 것도 좋은 방법이다. 자서전에는 한 사람의 인생이 고스란히 담겨있다. 성공과 좌절과 실패, 도전과 꿈을 이루는 모든 과정이 담겨있다. 자서전은 다른 사람의 인생을 전체적으로 볼 수 있는 기회이자 경험이다. 삶의 고난을 극복하는 저자의 모습을 보며 우리도 삶을 일으켜 세울 수 있게 된다. 여러 사람의 삶을 보면서 자신의 삶을 돌아보게 되고 내가 인생의 자서전을 남긴다면 어떤 자서전을 남길 것인가 생각해볼 수도 있다. 그러면서 나의 삶을 정립하게 된다. 내가 가야 할 길을 먼저 걸어간 사람들, 그들의 삶을 보게 되는 것만큼 귀한 것은 없다.

아이러니하게도 다른 사람의 상처나 문제가 우리에게 위로가 될 때가 있다. "사촌이 땅을 사면 배가 아프다."는 속담은 우리 마음의 누추한 모습을 그대로 보여준다. 오랜만에 만난 친구가 남자 친구 자랑, 집안 자랑, 자신 자랑만 한다면 당신은 어떤 마음이 들까? 나보다 잘나가는 것 같은 친구를 보면 질투와 부러운 마음을 갖기 쉽다. 반대로 처지가 좋지 않은 친구를 만날 때는 기분이 한결 나아짐을 경험할 수도 있다. 상대에게 좋은 일이 있을 때 겉으로는 축하를 건네더라도 부러움과 시기심이 작동하기 때문에 속마음까지 진심으로 축하하기 어렵다.

정말 성숙한 사람은 다른 사람과 비교하지 않고 자신의 문제에 집중한다. 동기 부여가 되는 책이나 자서전을 읽으면서 저자의 아픈 상처와 힘들었던 과거를 보며 위로를 받을 것이다. '나 정도면 괜찮구나, 나는 어려운 것도 아니구나.'를 깨닫게 된다. 고통을 극복하고 꿈을 이룬 성공기를 읽으며 '나도 할 수 있다.'는 자신감을 얻게 된다. 다른 사람의 성공을 부러워하는 대신 내가 일어서서 내 것을 만들어 가면 된다.

위로가 필요할 때 당신은 어떻게 하는가? 사람들에게 의지하거나 조언을 구하는가? 여러 가지 좋은 방법이 있겠지만 나는 책을 읽으라고 권하고 싶다. 특히 지치고 낙심된 당신의 마음을 위해 동기 부여하는 책을 읽어보자. 바닥까지 내려간 당신의 열정과 힘든 마음을 누구보다 잘 다스려 줄 것이다. 잠시 걱정거리는 접어두고 나를 일으켜 세우는 책의 내용에 귀 기울여보는 시간을 갖자. 때로는 백 마디 말보다 한마디의 힘을 주는 위로가 더 큰 힘이 있음을 알게 된다. 다시 시작할 수 있다. 다시 일어날 수 있다. 세상은 언제나 당신의 도전을 응원한다.

머리를 식히고 싶을 땐
추리 소설이
답이다

📖

여름이 되면 극장가에는 공포 영화가 속속 등장한다. 공포 영화를 자주 보는가? 나는 전혀 보지 못한다. 공포감을 즐기지도 않고 일부러 만들어낸 공포스러움도 싫다. 게다가 공포 영화의 음산한 사운드가 나의 모든 감각을 자극시켜 더욱 오싹한 느낌이 든다. 지금까지 본 공포 영화는 일본 소설을 바탕으로 제작한 〈링〉 하나뿐이다. 보긴 봤는데 내용뿐만 아니라 언제 누구랑 봤는지 전혀 기억나지 않는다. 기억하고 싶지 않을 만큼 그 영화가 싫었다. 기억나는 건 영화의 딱 한 컷이다. 머리카락을 얼굴 앞으로 길게 늘어뜨린 여자가 TV 속에서 나오는 장면이다. 명장면이라 TV에서 많이 보았기에 기억이 나는 것일 수도 있다.

공포 영화뿐만 아니라 요즘 영화들의 대부분은 잔인하고 끔찍한 장면들이 너무 많다. 싸움을 해도 그냥 하지 않는다. 각목과 칼과 무시무시한 무기들을 들고 싸운다. 다른 조직에 끌려가 맞는 장면은 더 끔찍하다. 어떤 영화에서는 산 사람에게 시멘트를 붓는 장면도 있었다. 19세 이상 관람가가 아닌데도 그렇다. 영화 한번 볼라치면 나는 몇 번이고 눈을 감고 귀를 막는다. 그런 나를 보며 웃던 남편이 이제 잔인한 장면이 나올 것 같으면 먼저 눈을 가려준다. 약간의 잔인한 장면도 보지 못하는 나 때문에 영화광인 남편은 대부분 혼자 컴퓨터로 영화를 본다. 영화뿐만 아니라 TV에서도 잔인하고 폭력적인 장면들이 참 많다. 자극적인 것을 좋아하는 시대에 걸맞게 연출하는 것이라고 하지만 불편한 마음은 어쩔 수 없다. 그런 내가 추리 소설을 본다는 게 믿겨지는가?

내가 처음 본 책은 추리 소설이라기보다는 일반 소설이다. 그런데 내용이나 전개가 추리 소설과 비슷하다. 소설가 '더글라스 케네디'의 작품이다. 이 작가의 소설이 대부분 그렇다. 평범한 인간들의 끝없는 욕망이 사건의 발단이 된다. 불륜과 살인, 도피와 고립 등 단순한 소설이라기에는 극적인 구성을 특징으로 갖고 있다. 평범하지만 우울함과 욕망을 드러내는 등장인물, 상황에 대한 완벽한 설계, 구체적이고 사실적인 묘사가 실제처럼 느껴지게 한다. 그의 소설은 탄탄한 구성력을 바탕으로 곳곳에 스릴러의 요소가 배치되어 있다. 사건의 진행이 긴박하고, 흡입력 있는 문체가 나를 더욱 긴장하게 한다. 읽다 보면 저절로 상상하게 된다. 마치 한 편의 영화를 보는 듯하다. 문제의 실마리가 보이고 사건이 하나하나 해결되어 가면 얼마나 속이 시원한지 읽어보지 않은 사람은 모른다. 미궁 속에서 헤매던 사건이 풀려가는 재미는 이루 말할 수 없다. 얼마나 명석한 두뇌를 가졌기에 이런 글을 쓸 수 있을까 궁금증이 생길 정도다. 그렇게 더글라스 케네디의 팬이 되었고 그의 모든 작품을 섭렵하게 됐다. 전작을 모두 찾아 읽을 만큼 매력적인 작가는 이제껏 없었다. 덕분에 추리와 스릴러를 마음껏 즐겼다. 아직 읽어보지 않은 독자가 있다면 한번 읽어보기를 권한다.『빅픽쳐』,『모멘트』,『템테이션』,『리빙더월드』등이 있다.

머리가 복잡하고 생각이 많아질 때 이런 소설을 읽는 이유가 있다. 복잡한 생각은 꼬리에 꼬리를 물고 따라다닌다. 생각을 하고 싶지 않아도 계속 떠오른다. 그럴 때 역발상으로 생각을 더 많이 하게 되는 이야기, 급박하고 박진감 있는 스토리를 읽는 것이다. 흥미진진한 이야기와 미스터리한 사건들 속에 빠져 있으면 쓸데없는 걱정은 사라진다. 머릿속에 있던 복잡한 생각은 사건 해결을 위한 고민으로 대체되면서 한결 단순해진다. 갇혀있던 생각이 열리고, 발상의 전환이 되기도 한다. 풀리지 않는 문제들이 우리의 생각을 점령할 때, 잠시나마 머리를 식히고 싶을 때 추리 소설을 읽자. 숨 막히는 긴장감, 흐트러뜨릴 수 없는 집중력, 몰입의 쾌감을 느낄 수 있는 것이 바로 추리 소설이다. 추리 소설을 읽으면 도저히 풀 수 없을 것 같은 어려운 문제들과 답답한 상황이 펼쳐진다. 그래서 한 장 한 장 읽을 때마다 두뇌 활동이 활발해지고 한참 읽다 보면 나름대로의 추리와 논리를 만들어내게 된다. 추리 소설의 좋은 점은 언제나 답이 있다는 것이고, 논리적으로 문제가 풀린다는 것이다. 증거가 명쾌하게 드러난다. 사건이 해결됨과 동시에 내 안에서 일어나는 카타르시스는 짜릿하다. 나의 지식과 상상을 뛰어넘는 전개가 두뇌에 큰 자극이 되는 것은 당연하다. 간접적으로 난제들을 풀어가는 과정에서 실생활의 문제도 새로운 방식으로 고민하고 답을 찾게 된다. 『Y의 비극』, 『그리고 아무도 없었다』 등이 유명한 추리 소설이다. 한 권쯤 머리를 식힐 요량으로 읽어보기를 권한다.

실제로 많은 드라마나 영화의 원작은 책이다. 경험상, 원작을 능가하는 연출은 별로 없었다. 영상으로 만들어진 것은 우리의 상상력을 제한한다. 책으로 이야기를 접할 때 훨씬 더 창의적이고 재미있는 이야기 속으로 빠져들 수 있다. 100여 년 전 유럽의 귀족이나 신사의 대표적인 취미 활동이 추리 소설을 읽는 것이었다고 한다. 미국의 전 대통령 루스벨트는 자신이 직접 추리 소설을 구상해 작가들에게 써달라는 부탁을 했다고 한다.

서울 대현동 골목에 추리 소설 전문서점이 있다는 기사를 읽었다. 이 책방은 서가에 꽂힌 책들이 전부 추리 소설이라고 한다. 책방의 주인인 유수영 씨(52)는 어린 시절 셜록 홈즈 소설에 열광하며 미스터리 소설을 꾸준히 읽었다고 한다. 이 책방은 SNS에서 추리 소설 마니아들의 성지로 불린다. 그만큼 추리 소설의 매력에 빠져 있는 사람들이 많음을 알 수 있다.

머리가 복잡할 때 재미있는 추리 소설 한 권을 읽고 이야기 속에 자신을 넣어보자. 읽는 재미가 더해져 훨씬 더 상상력을 자극하게 되고 카타르시스를 경험하게 될 것이다. 처음 읽는 사람들에게 추천하고 싶은 작품은 일본 추리 문학의 원조라 할 수 있는 에도가와 란포의 단편집이다. 일본 작품들은 아기자기하면서도 마니아적 성향이 강하고 동양인의 정서에도 잘 맞는다. 셜록 홈즈와 같은 정통 추리 소설도 좋다. 생각보다 쉽게 접근할 수 있을 것이다. 가끔은 삶의 쉼표를 찍는 의미로 추리 소설을 읽는 것도 괜찮은 일이다.

자기계발을 중요하게 생각하는 사람들은 문학 작품을 잘 읽지 않는 경우가 많다. 얻을 정보가 없어 실질적인 도움이 되지 않는다고 생각한다. 그러나 독서를 시작하고 독서 실력을 쌓는 과정에서 반드시 통과해야 될 분야가 문학 작품이다. 사람은 감정의 동물이기에 열심히 책을 읽다 보면 어느 순간 자연스레 문학 작품에 갈증을 느끼게 된다. 항상 정보만을 위한 책을 볼 수는 없다. 책을 읽을 때는 저자와의 감정적인 소통도 필요하다. 이를 충족시켜주는 것이 문학 작품이다. 그러다 마음에 드는 작품을 만나면 갑자기 소설만 읽게 되는 시기도 찾아온다. 내가 더글라스 케네디의 작품에 흠뻑 빠져 있었던 것처럼 말이다.

문학 작품은 우리의 마음을 말랑말랑하게 해주는 유연제 같은 역할을 한다. 추리 소설 역시 그렇다. 생각을 유연하게 만들어주고 불확실한 상황에서 다양하게 생각할 수 있는 기회를 제공한다. 소설은 가상의 공간이지만 실제의 공간이나 상황과 가장 흡사하다. 우리의 인생, 직장 생활, 인간관계 등이 추리 소설에도 모두 포함되어 있다. 주인공의 생각은 우리가 실제로 하는 생각과 크게 다르지 않다. 책을 읽음으로써 동질감도 느끼고 나라면 어떻게 대처했을까, 어떻게 해결할까를 고민하게 되면서 복잡한 나의 문제를 좀 더 멀리서 객관적으로 바라볼 수 있게 된다. 그게 문학 작품의 매력이라고 할 수 있다. 내가 머리를 식히고 싶을 때 추리 소설을 읽는 이유이기도 하다. 당신도 도전해보지 않겠는가?

관계가 어렵다면
자존감에 대한
책을 읽어라

관계라는 말이 시대의 화두가 되었다. '상사와의 관계, 가족과의 관계, 자신과의 관계' 등 관계에 대한 이야기가 대화 주제로 흔히 쓰이고 있다. 철학도 관계에 대한 이야기요, 심리학도 관계에 근거한다. 그런데 생각해보면 관계라는 단어가 이렇게 대중적으로 이야기되기 시작한 것은 얼마 되지 않았다. 우리 부모님 세대는 관계의 문제를 크게 드러내지 않고 살았다. 권위에 복종했고, 나라의 성장과 사업에 집중했으며, 관계보다는 일이 우선이었다. 그까짓 관계는 당연히 참고 받아들이고 넘어갈 만한 문제로 여기며 살았다. 나라도 가정도 경제적인 성장이 우선이었기 때문이다.

시대가 변화하고 물질적 풍요가 찾아오자 이제 정신적인 문제들이 드러나기 시작했다. 뉴스를 통해 듣는 많은 사건의 문제들이 잘 못된 관계에서 기인됨을 알 수 있다. 가족 간의 상처와 불화로 폭력과 살인이 벌어지고, 개인의 정신적인 질병으로 무고한 사람들이 다치거나 죽기도 한다. 주변 지인들만 보아도 관계의 어려움을 호소하는 이들이 많다.

관계는 사전적으로 '둘 이상의 사람이나 사물, 현상 따위가 서로 관련을 맺거나 관련이 있음을 설명'하는 단어이다. 우리는 태어날 때부터 가족 공동체와 사회 공동체 속에서 삶을 살아간다. 따라서 관계는 우리의 삶과 결코 뗄 수 없는 중요한 부분이며, 우리 인생에 가장 많은 영향을 끼치는 부분이다. 부모와 자녀와의 관계가 아이의 성격과 성품을 결정하며, 친구들과의 관계 속에서 자신과 타인에 대한 생각이 자란다. 어린이집, 유치원, 학교, 직장 등을 거치며 사회 구성원으로서 관계를 맺고 관계를 배우며 산다. 이 과정에서 관계를 잘 배우지 못하면 성인이 되어서 관계의 문제로 힘들어하기도 하고 다른 사람들을 힘들게 할 수도 있다. 관계의 어려움은 우리를 지치게 하고 낙심하게 만든다.

그러나 우리가 생각해보아야 할 문제가 있다. 관계의 어려움이 상대방의 문제 때문에만 생긴 것인지, 나의 문제는 없는지 말이다. 관계는 쌍방의 행동 양상에 따라 이루어지는 것이다. 상대방이 같은 행동을 해도 어떤 사람은 쿨하게 반응하고, 또 다른 사람은 상처받는다. 쿨하게 반응하는 사람도, 상처받는 사람도 그럴 만한 이유가 있기 때문에 그런 행동이 야기된다. 이 차이는 어디에서 오는 것일까. 당신은 다른 사람의 마음을 얼마나 이해하고 있으며, 또 자신의 마음을 얼마나 이해하고 있는가?

많은 인간관계를 되돌아볼 때 상대방이 문제가 있는 경우도 있지만 나에게도 문제가 있음을 발견할 수 있다. 특히 자신에 대한 마음, 자신을 사랑하고 존중하는 마음이 틀어져 있기 때문에 일어나는 인간관계의 어려움이 많다. 우리는 이 마음을 자아존중감, 줄여서 자존감이라고 말한다. 자존감은 자신의 가치에 대한 판단을 통해 스스로 갖는 감정이다. 자존감은 자기 자신에 대한 이해와 사랑, 존중과 만족감을 느낄 수 있는 감정이다. 이것은 능력의 발휘, 목표의 달성 등 사회 속에서 자신을 드러내고 도전하며 사람들과 살아가는 일련의 모든 활동에 영향을 미친다. 자존감이 타인과의 관계에 영향을 미치며 다시 타인과의 관계는 나의 자존감에 영향을 미친다. 자신을 어떻게 생각하는지에 따라 다른 사람을 대하는 태도가 명확히 달라지기 때문에 자존감이 중요하다. 자존감에 대한 책들이 베스트셀러를 이어갈 만큼 요즘은 자존감의 문제를 가진 사람들이 많다.

자존감이 낮은 한 남자가 있었다. 그는 어릴 때부터 가족들로부터 사랑받지 못하며 자랐고 스스로 밥벌이를 하며 자신의 인생을 챙겨야 했다. 사회생활을 일찍 시작한 그는 사람 사이의 관계가 중요하다는 것을 깨달았다. 남들의 비유를 맞춰가며 살았지만, 정작 진심은 없었다. 자신만의 확고한 틀을 만들어 놓고 사람들을 판단했다. 자신의 기준에 맞게 행동하면 좋은 사람, 그렇지 않으면 잘못된 사람이라는 꼬리표를 붙였다. 남들에게 유쾌해 보이고 털털해 보이도록 행동했지만 실제로 그는 그렇지 않았다. 가장 가까운 가족들은 그로 인해 많은 상처를 받았다. 가족들의 마음을 헤아릴 줄 몰랐고, 무조건 자신의 생각만 옳다고 주장했다. 가족들에게 충고와 비난을 일삼았다.

그는 자신이 관심 받고 사랑받고 싶은 무의식의 메시지를 잘못된 방법으로 전하고 있었다. 그런 그를 아는 주위 사람들은 그와 가까이 지내는 것을 꺼려했다. 올바른 방법으로 자신을 사랑해 달라고 부탁했다면 주변 사람들도 그렇게 지치지 않았을 것이다. 그러나 비난과 삿대질과 어처구니없는 이유로 사사건건 주위 사람들을 힘들게 했고, 관계의 어려움이 끊이지 않았다. 그는 자신에 대해서 깊이 생각해 본 적이 없었다. 다른 사람이 자신에 대해 이야기하는 것도 듣지 않았다. 자신만의 세계가 너무나 확고했기 때문이다. 내가 그와 말을 하고자 했을 때 그는 나의 말을 들으려고 하지 않았고, 나 역시 그와의 대화를 이어갈 수가 없었다.

자신의 문제를 해결하면 타인과의 관계의 어려움은 훨씬 쉽게 극복할 수 있다. 인간관계를 맺는 동안 우리는 타인이 내게 무언가를 해줄 것을 기대한다. 더 정확히 말하면 나의 상식과 기준에 맞는 행동과 생각을 해주기를 바라고 나와 다르지 않기를 기대하고 있는 것이다. 허나, 그 사람은 그렇게 할 수도 없고 그런 모습일 필요도 없다. 내가 그런 것처럼 상대방도 상대방의 세계를 가지고 있기 때문이다. 결국 문제는 다시 나 자신에게로 돌아온다.

진정한 나 자신은 누구인가? 당신은 당신 자신이 누구인지 아는가? 당신은 무엇을 좋아하고 어떻게 살아왔으며 앞으로 어떻게 살아가기를 바라는가? 어떤 사람이 되고 싶은가? 단순한 이 질문에 우리는 답을 하기가 쉽지 않다. 그러나 나 자신에 대해 생각하고 돌아보면서 자존감을 회복해 진정한 나를 찾는 순간, 우리를 힘들고 어렵게 만들었던 사람들과의 관계도 해결 방법을 찾을 수 있을 것이다. 자존감은 결국 자기 자신을 소중히 여길 수 있는 마음이다. 자신을 소중히 여길 때 인간관계도 좋아진다. 자신이 좋은 상태일 때 좋은 관계도 가능해진다.

관계의 어려움 속에 있다면 자존감에 대한 책을 읽어보자. 책은 마음의 거울이다. 우리 자신을 돌아보고 살펴볼 수 있는 기준과 기회를 제공한다. 자신을 소중히 여기는 습관은 자신의 내면이 자유롭게 반응할 수 있도록 시간을 주는 것부터 시작된다. 자존감에 관한 책을 읽을 때 마음의 소리와 울림을 들어보자. 책은 당신만을 위한 상자이다. 거기에 각자의 마음과 생각, 느낌을 쏟아놓자. 나 자신을 가두었던 감옥 열쇠도 내려놓고, 자신을 내버려두었던 무관심도 내려놓자. 분명 책이 당신에게 주는 귀중한 메시지가 있을 것이다. 우리는 그 메시지를 통해 우리 자신과 소통해야 한다. 상대를 위해 무엇인가를 해야 한다는 생각을 버리고 우리 자신을 중심에 놓자. 관계의 고민에서 벗어나자. 좋은 관계에 대한 부담감에서 벗어나 진짜 자신을 먼저 만나는 것이 중요하다. 책을 읽다 보면 저자의 촌철살인과 같은 말들이 마음을 찌를 때가 있다. 그 말이 당신의 마음에 말을 거는 것이다. 책이 우리에게 말을 걸어올 때 그것을 놓치는 실수를 범하지 말자. 스스로에 대한 깊이 있는 고민과 성찰이 상처받고 구겨진 자존감을 높일 수 있는 깨달음의 시작이 될 것이다.

나는 자존감이 좋은 편이 아니었다. 어릴 때부터 모범생으로 잘 자라왔고 칭찬받으며 자랐지만 나 스스로에 대한 만족은 그리 크지 않았다. 주위 사람들의 기대가 무거웠고 그만큼 달성하지 못했을 때 그들에게 주게 되는 실망감이 두려웠다. 그러면서 나는 점차 움츠러

들었다. 학생 시절엔 나의 능력을 드러내주는 공부에서 실패를 경험하면서 나 스스로를 옭아맸다. 내성적인 성격에 자신감까지 떨어지자 자존감이 바닥을 쳤다. 지금 생각하면 아무것도 아닌 일이다. 나 스스로 나를 만들 수 있었어야 했는데 그땐 그러지 못했다. 어릴 땐 생각의 크기가 작았다. 그만큼 밖에 볼 수 없었기 때문에 그만큼에 맞는 생각과 행동을 했다. 지금 돌아보니 내 자신이 안쓰럽게 느껴진다. 한 번 상처가 난 자존감은 쉽게 회복되기 어렵다. 나는 대학생 시절 자존감에 관한 책을 많이 읽고 나 자신에 대해 깊이 관찰하고 사색하는 시간을 가졌다. 그 과정에서 자존감이 많이 회복되었고 지금은 나를 사랑하고 존중하는 마음으로 살아간다. 지금도 찌그러진 자존감은 때때로 나를 찾아오지만 그때마다 나는 자존감에 대한 책을 읽으며 마음을 달래고 나를 돌아보는 시간을 갖는다.

내가 지금껏 만나본 사람 중에 자존감이 가장 높은 사람은 남편이다. 그는 나와 반대로 자신에 대한 믿음이 가득했다. 그의 자존감은 쉽게 꺾이지 않을 만큼 강했다. 그의 어린 시절 이야기를 들어보면 절대 그런 자존감이 나올 수 없을 만큼 힘든 상황이 많았다. 나의 관점에선 그랬다. 내가 그와 같은 처지에 있었다면 나는 그렇게 나 자신을 사랑하기 힘들었을 것 같다. 그런데 남편은 달랐다. 자신에 대한 사랑을 환경이나 상황이 아닌 자기 안에서 찾았고 굳건히 지켜왔다. 겪어온 시절의 상황은 남편보다 내가 훨씬 좋았지만, 우리는 서로 반대의 자존감을 가지고 있었다. 자존감은 타인과 상황에 영향을 받지만 결국 자신의 마음에 달린 문제였음을 깨달았다.

관계가 힘들다면 자존감에 대한 책을 읽어보자. 일상을 바꾸면 자신도, 자신의 내면도, 자신의 세계도 달라진다. 내가 행복해질 때 나를 만나는 사람들도 행복해질 수 있다. 사람들은 자기가 알고 깨달은 세상 속에서 자신을 이해하고 다른 사람들을 이해한다. 자신의 틀이 넓다면 타인을 이해하고 사랑할 수 있는 마음도 넓을 것이며, 자신의 세계가 작다면 타인과의 관계도 좁은 테두리 안에서만 이루어질 것이다. 자존감에 대한 책을 읽는다면 틀을 벗어나 더 큰 의식과 더 넓은 마음으로 타인과 마주할 수 있게 된다. 오늘, 당신의 자존감은 어떠한지 한번 살펴봐 주기를 바란다.

부정적인 생각이 많다면 '감사'에 관한 책을 읽어라

사람을 사귀다 보면 긍정적인 사람이 있는가 하면 유독 부정적인 사람도 있다. 부정적인 사람은 무엇을 해도 시큰둥하고 부정적인 태도를 보인다. 직장 생활을 하다 보면 늘 불평과 불만이 가득하고 부정적인 생각에 사로잡혀 살아가는 사람들을 자주 만나게 된다. 이런 유형의 사람들이 처음부터 부정적이었다고 생각할 수는 없다. 일과 여러 가지 스트레스로 부정적인 사람이 되었을 가능성이 크다. 그런데 문제는, 이런 사람들과 함께 있으면 곁에 있는 사람도 부정적이되기 쉽다는 것이다. 긍정의 밝은 에너지를 내는 사람 곁에 있으면 함께 밝아지고, 부정적이고 어두운 에너지를 내는 사람과 함께 있으면 같이 어두워지는 경험을 한 적이 있을 것이다. 심리학에서는 이를 '감정의 전염'이라고 하는데, '다른 사람의 태도, 감정, 표정, 말투, 자세 등을 무의식적으로 모방하고 감정적으로 동화되는 상태'를 말한다. 감정은 가까이 있는 사람에게 전염된다. 특히 부정적인 감정이 긍정적인 감정보다 전염성이 크다. 따라서 부정적인 사람과 함께하면 곁에 있는 사람도 부정적인 감정을 쉽게 받아들이게 된다.

연구에 따르면 감정은 세 가지의 통로를 통해 전염된다고 한다.

첫째, 무의식적으로 닮아가는 것이다. 무의식적으로 다른 사람의 얼굴 표정을 살피고 자신도 모르게 모방하게 된다. 이때 두뇌는 모방된 표정과 일치된 감정을 느낀다고 한다.

둘째, 자신의 감정을 다른 사람의 감정과 비교해서 표출한다.

셋째. 거울 신경 세포 이론으로, 다른 사람의 행동을 관찰하는 것만으로도 마치 스스로 행동하는 것처럼 느끼는 것이다. 이때 다른 사람의 감정을 공감하고 비슷한 감정 상태를 경험하게 된다.

불안, 분노, 짜증과 같은 부정적인 감정은 우리 자신에서 끝나지 않는다. 함께 일하는 동료들에게 전염되고 함께 사는 가족들에게 전염된다. 또한 부정적인 감정은 생각을 부정적으로 만들고, 부정적인 생각은 우리를 더욱 옭아맨다. 일의 성과에도 영향을 미친다. 당신은 부정적인 사람인가, 긍정적인 사람인가? 스트레스로 인해 일시적으로 부정적인 생각이 많아질 때도 있다. 그러나 그 생각을 오랫동안 자신 안에 가지고 있으면 자칫 부정적으로 생각하는 것이 습관이 될 수 있다. 부정적인 생각을 빨리 떨쳐버리고 새롭고 긍정적인 생각으로 채워야 한다.

먼저 자신의 감정을 돌아보자. 그리고 자신 안에 있는 감정과 생각을 객관적으로 바라보고 명명해보자. '어떤 일 때문에 내가 지금 부정적인 생각을 하고 있구나.' 하며 스스로를 객관적인 거리를 두고 관찰하는 태도가 필요하다. 마치 나의 문제가 아닌 양 그렇게 대하는 것이 좋다. 그러고 나서 부정적인 생각과 감정이 있었던 곳에 긍정의 기운을 채워주는 것이다. 긍정적으로 생각하는 가장 좋은 방법은 '감사하기'다.

미국 심리학자들의 연구에 따르면, 화나고 스트레스를 받을 때 감사하는 마음을 갖게 되면 뇌를 리셋하는 것과 같은 효과를 얻을 수 있다고 한다. 감사하기는 낙관, 열정과 같은 긍정적 감정을 느낄 때 활성화되는 왼쪽 전전두엽피질을 활성화시킨다. 감사하는 일이 우리를 긍정적으로 변화시킬 수 있다는 것이다. 또한 우리의 심장과 뇌는 서로 밀접하게 정보를 주고받는데, 심장 박동 수의 연결 주기를 가장 이상적으로 유지시켜 주는 정서가 감사하기라고 한다.

그런데 막상 감사하려면 무엇을 어떻게 해야 할지 막막할 때가 있다. 익숙하지 않아서 낯설기도 하다. 그럴 때 감사에 관한 책을 읽으며 '감사'에 대해 묵상하고 생각하는 것이 도움이 될 것이다.

나도 일을 하며 부정적인 생각이 많이 들 때가 있었다. 원하는 일자리를 얻기 위해 한 달여간의 입사 시험을 잘 마치고 최종 결과가 발표됐을 때 뛸 듯이 기뻤다. 세상일이 다 잘 될 것 같은 느낌이었고 취업이 된 데에 감사하며 지낼 뿐이었다. 이제 걱정과 스트레스는 다 지나가리라 생각했다. 그러나 현실은 그렇지 않았다. 취업은 또 다른 어려움의 시작이었다. 일을 배울 때는 긴장하느라 불평, 불만을 생각할 틈이 없었다. 그렇게 한두 달이 지나고 일이 익숙해질 무렵 마음에 불평이 찾아왔다. 일이 즐겁지도 않았고, 적성에 맞지도 않았다. 왜 이 일을 해야 하는지 이유를 찾지 못해 부정적인 생각이 많이 들었다. 다람쥐 쳇바퀴 돌 듯 오늘 하루를 잘 살아내는 게 목표가 되었다. 금융회사였기에 돈과 관련된 문제를 다루다 보니 조심해야 할 일들도 많았다. 아무런 문제없이, 실수 없이 무사히 하루 일과를 끝내는 게 일상의 바람이었다. 다른 꿈은 생각도 못했다. 하루하루가 지루하고 버겁게 느껴졌던 날들이었다. 돌아보면 후회로 얼룩졌던 그때, 내가 잘했던 선택이 하나 있었다. 감사에 대한 책을 읽고 감사 일기를 쓰기 시작한 것이었다.

서점에 들렀다 무심코 들었던 책이 『감사의 힘』이었다. 감사의 중요성은 말하지 않아도 알았고, 힘든 나날을 보내고 있었으니 당연히 이 책이 끌릴 수밖에 없었다. 감사에 대한 책을 읽고 느낀 것은 두 가지였다. 하나는 감사는 훈련이고 학습이며 중독성이 있다는 사실이다. 시작할 때는 감사하기 어렵고 감사한 이유를 찾기도 어려웠지만, 하다 보니 어느덧 습관이 되었고 그리 어려운 일도 아니었다. 감사 일기를 쓰게 되니 저절로 감사거리를 찾게 되었고 하루를 감사함으로 마무리할 수 있었다. 다른 하나는, 감사는 상황에 따라 하는 것이 아니라는 것이다. 똑같은 상황에서도 감사할 수 있는 것은 나의 마음과 생각의 중심이 부정적인 생각보다 감사에 더 치중해 있기 때문이다. 결국 감사는 내 마음과 의지에 달려있었다. 감사에 관한 책을 읽으면서 힘들었던 마음에 위로가 되었고 용기를 얻었다. 감사를 실천하면서 부정적인 생각을 떨치고 긍정적인 생각으로 나 자신을 채우기 시작했다.

『지선아 사랑해』의 저자 이지선 씨를 기억할 것이다. 한때 각종 방송 출연과 책으로 알려진 그녀의 이야기는 정말 아무나 감당할 수 없는 고통과 비극의 스토리이다. 교통사고로 전신의 55%에 3도 화상을 입어 온몸에 화상의 흔적을 뚜렷하게 가지고 있는 그녀는 한때 감사하는 마음으로 많은 사람들을 부끄럽게 했다. 나 역시 그녀의 이야기를 읽으며 많은 눈물을 흘렸던 것을 기억한다. 고통스럽고 어쩌면 수치스러울 수 있는 화상의 흔적들이 그녀의 내면에서 감사와 희망, 사랑이라는 다른 이름이 되었다. 보통 사람으로서는 감당하기 어려운 고난을 감사로 바꾸고 기적으로 만들었다. 혹독한 상황에서도 감사를 먼저 생각하는 그녀의 삶만큼 감사에 대해 깊이 돌아보게 했던 사건은 없었던 듯하다.

　우리는 어떠한 상황에서든지 감사거리를 찾을 수 있다. 작은 일에 일희일비하기보다는 감사를 우선으로 생각하는 삶을 살아보는 것은 어떠한가. 필립 와킨스는 감사의 힘은 전혀 새롭지 않는 일상을 새롭게 해석해 즐겁게 누릴 수 있는 능력이라고 말했다. 우리의 일상을 새롭게 만들어 주는 방법은 아주 간단하다. 감사에 대한 책을 읽고 감사를 실천하는 것이다. 감사할 줄 아는 사람은 부정적인 감정과 생각에서도 쉽게 빠져 나온다. 부정적인 생각을 전염시키는 사람이 아니라 감사를 전염시키는 사람이 되는 편이 훨씬 행복할 것이다. 선한 영향력을 끼치는 사람이 되자. 요즘 당신의 마음에 부정적인 생각이 많다면 감사에 관한 책을 읽어보자. 당신이 가진 많은 것에 대해 감사하며 하루를 마무리하게 될 테니까.

불안하다면
실행에 관한
책을 읽어라

우리가 사는 시대는 항상 어려움이 있다. 내가 중학교를 졸업할 때쯤 IMF 사태가 일어났다. 당시엔 사회 분위기도 어두웠고 뉴스에서도 나라의 위기만을 집중적으로 다루었다. 하지만 당시의 나는 어렸고 학교에서 취소한 졸업여행을 가지 못한 것이 못내 아쉬웠다. 고등학교 시절이 되어서도 여전히 경제는 어려운 상황이었고 금모으기 운동이 전국적으로 확산됐었다. 고3 때는 9.11테러가 일어났고 전쟁의 위기 속에 세계 경제는 더욱 불안해졌다. 2007년 미국의 서브프라임모기지론 사태가 발생하면서 우리나라도 큰 타격을 받았다. 2016년에는 영국의 EU회원국 탈퇴로 인한 브렉시트로 세계가 다시 위기를 맞았다. 그리고 몇 달 뒤 도널드 트럼프의 미국 대통령

당선으로 세계 경제는 다시 크게 흔들렸다. 국내 정세도 불안하긴 마찬가지이다. 청년 실업률이 사상 최대가 되었고, 노인 인구의 급증, 북한의 핵 도발, 리더십의 붕괴 등 어느 것 하나 제대로 서 있다고 보기 어려울 정도이다. 최근엔 온 국민이 촛불을 들게 만든 국정 농단 사태도 불거졌다. 어느 시기도 순풍에 돛단 듯 평안한 시기는 없었다. 나라도 불안했고, 우리의 미래도 불안했고, 우리도 늘 불안했다.

감기로 병원에 간 적이 있다. 진찰을 한 의사는 목에 염증이 있다고 아프지 않느냐고 물었다. 그때까지는 목이 아프다는 사실을 느끼지 못했다. 집에 돌아와서 약을 먹고 쉬는데 점점 더 아픈 것 같았다. 이상하게 목이 더 아팠다. 의사의 말을 들은 후부터 목이 아픈 걸 느끼게 되었다. '불안'을 머리로 인지한 순간부터 우리는 더 불안해지기 시작한다. 언론도, 사람들도 모두 불안함을 이야기하면 괜찮다고 생각했던 사람마저도 불안해지기 마련이다. 상황은 불안정하고 한 치 앞도 내다볼 수 없는 미래이긴 하지만, 우리가 불안함을 느낀다고 해서 상황이 달라지지는 않는다. 나의 마음만 더욱 불안하고 두려워질 뿐이다.

불안함은 우리의 힘으로 해결할 수 없을 때가 많다. 불안을 해소하기 위해 행동하는 것보다 불안함의 정서와 감정을 인지하는 것이 먼저 필요하다. 불안정한 상황을 있는 그대로 받아들이되, 이 상황에서 나는 어떻게 해야 하고, 내가 해야 할 일이 무엇인지를 찾는 것이 더 중요하다.

우리 모두는 불안이라는 같은 상자 속에 들어있다. 상자 속에서 힘 있게 발을 디디고 일어날 수 있는 사람들만이 바깥세상으로 나갈 수 있다. TV를 틀면 힘든 상황을 극복한 사람들의 이야기를 많이 볼 수 있다. 사업에 실패하고, 병에 걸리고, 가족을 잃는 어려운 상황 속에서도 다시 일어나는 사람들을 보면 그들에게는 굴하지 않는 의지와 노력이 있음을 알게 된다. 나는 그들을 보면서 '저 상황에서 저렇게 할 수 없을 것 같아. 정말 대단하다.'라고 생각했었다. 그런 사람들은 마치 특별한 능력을 가진 것처럼 보이기도 했다. 후에 교육심리를 배우면서 그런 특별한 능력이 정말 존재한다는 것을 알게 되었다. 힘든 상황에서도 다시 일어날 수 있는 특별한 능력, 그것은 바로 회복탄력성, '레질리언스*Resilience*'였다.

레질리언스는 탄성체를 한 방향으로 늘렸을 때 축적되는 에너지를 뜻하는 말로, 시련과 위기를 견디고 그것을 발판 삼아 도약하고 회복하는 잠재적인 능력을 말한다. 어떤 사람은 실패에 좌절하고 쓰러지는 반면, 어떤 사람은 고난과 역경을 딛고 더 크게 성공한다. 그 비밀이 바로 회복탄력성에 있다. 회복탄력성이 높은 사람은 시련에 맞닥뜨렸을 때 더 잘 회복할 뿐만 아니라 이전보다 더 높이 올라간다. 이는 개인마다 다르며, 선천적인 요인도 있지만 후천적인 상황과 환경을 통해서도 개발된다. 회복탄력성이 높은 사람이 시련을 딛고 성공할 확률이 높음은 말할 필요도 없다. 그들에게 성공이란 실패가 없는 것이 아니라 고난을 딛고 일어서는 것이다. 탁월한 리더들 중에도 어려움을 겪고 다시 일어나는 사람들이 많은 이유는 이들의 회복탄력성이 다른 사람들에 비해 높기 때문이다.

상황이 불안하고 어렵다고 그 가운데 초초하게 머물러 있는 것만이 능사가 아니다. 회복탄력성을 높이기 위해 긍정적인 마인드를 갖는 것도 중요하고, 운동을 하거나 강점을 찾는 등의 노력을 하는 것도 중요하다. 또한 상황을 이겨낼 돌파구와 방법도 찾아야 한다. 우리가 통제할 수 없는 세상을 긍정적으로 받아들이고, 실패하더라도 다시 일어서고 어렵더라도 시도해보는 도전과 모험이 필요하다.

마음이 불안하다면 실행에 관한 책을 읽는 것도 불안함을 극복할 수 있는 좋은 방법이다. 우리가 두려운 이유는 아무것도 하지 않고 있어서이다. 오늘 하루를 살아가기에 급급하고 미래에 대한 대비가 없기 때문이다. 대부분의 사람들이 마치 오늘만 살고 죽을 것처럼 살아간다. 생각은 많고 계획도 많지만 어느 것 하나 제대로 실천하고 있지 못하는 우리는 늘 불안함과 두려움 속에 살 뿐이다. 실행하지 않는 사람은 어떠한 것도 성취할 수 없다.

『실행이 답이다』의 저자 이민규는 "평범한 사람과 성공한 사람의 차이는 지식이 아니라 실천에 있고, 성공한 기업과 그렇지 못한 기업의 차이는 전략이 아니라 실행에 있다. 개인이든 조직이든 실행력이야말로 진정한 경쟁력이다."라고 말했다. 실행이 성공을 좌우한다고 해도 과언이 아니다. 이 책에서는 실행을 3단계로 말하고 있다. 첫째는 결심이다. 목적지를 확실히 정하고 로드맵을 그려야 할 일이 명확해진다는 것이다. 구체적인 실천 계획을 세우고, 해야 할 이유를 설정하는 것이 결심이다. 두 번째는 실천이다. 즉시 행동으로 옮기는 힘이 필요하다. 세 번째는 유지이다. 끝까지 포기하지 않는 것을 말하고 있다.

미래가 불안하기 때문에 많은 취업 준비생들이 공무원 시험을 준비하고 대기업에 들어가려고 애쓴다. 나 역시 취업 준비생이었던 시기가 있었으므로 그 마음을 이해하지 못하는 것은 아니다. 그러나 불안함 때문에 남의 꿈을 좇아가거나 다른 사람들의 행동을 따라가면 결국 언젠가는 밀려오는 후회가 당신을 뒤덮을 때가 온다. 이 역시 경험을 통한 조언이다. 불안해서 이 회사 저 회사에 지원하고, 직장에 다니면서도 불안해서 원하지도 않는 공부를 하고, 불안함 때문에 끊임없이 무엇인가를 한다 해도 불안함은 채울 수가 없다.

자신만의 꿈이 있어야 하고 자신이 좋아하고 즐겨하는 일을 해야 한다. 자신에 대해서 좀 더 생각하고 자신이 해야 할 일을 명확히 하는 게 급선무다. 그리고 좌우를 돌아보지 말고 실행하는 것이다. 자신의 꿈을 좇을 때만큼은 이기적이 되어야 한다. 그리고 끝까지 포기하지 않아야 한다. 그것이 우리가 불안함을 극복할 수 있고 불안함에 지지 않을 수 있는 방법이다. 이런 행동을 할 수 있는 힘을 주는 것이 바로 실행에 관한 책이다.

또한 『실행이 답이다』의 저자 이민규는 "실행은 자기의 재능에 대한 자신감을 키우는 가장 효과적인 방법이고 원하는 것을 얻게 해주는 유일한 수단이다."라고 말했다. 실천하고 도전할 수 있는 자신감을 갖기 위해 실행에 관한 책을 읽자. 머리로만 걱정하는 것보다 행동으로 실천하고 도전하고 맞닥뜨리면 체감하는 불안함의 정도가 덜할 것이다. 불안함은 실체 없는 감정이다. 작은 행동 하나로 불안감을 증폭시킬 수도 있고 사그라지게 할 수도 있다. 실제로 아무것도 하지 않고 생각만 하는 것은 불안함을 더욱 증폭시킬 뿐이다. 불명확한 시대의 불안한 생각이 우리를 더 불안하게 만든다. 누구나 불안함을 겪을 수는 있다. 그러나 그 과정 속에서 누가 재빨리 정신을 차리고 일어나 집중하며 실행하느냐가 결과의 차이를 만든다. 불

안하다면 실행에 관한 책을 읽고 지금 즉시 실천해보자. 결과가 당
신의 불안함을 덜어줄 수 있을 것이다.

5장

지금까지 당신이 알고 있는

독서공식을 뒤집어라

독서 목표를 세우라는 이야기를 하면 식상하다고 느낄지도 모르겠다. 그러나 어떤 일을 할 때 가장 중요한 일은 목표를 설정하는 것이다. 수험생에게도 목표가 있고, 운동선수에게도 목표가 있다. 목표 없는 승리란 없다. 목표가 있기 때문에 성공과 실패도 뒤따른다. 목표는 어떠한 행동을 통해 장기적으로 내가 달성하고 싶은 목적을 이루기 위한 것이다. 무언가를 이루기 위한 행동지침이 바로 목표이다. 목적과 혼동해서 쓰이기도 하는데 목표가 무엇을 해야 하는가에 대한 질문이라면, 목적은 왜 해야 하는지에 대한 질문이다. 목적이 행동의 결과이자 도달해야 하는 지점이라면 목표는 그 과정의 행동이다. 목적은 추상적이고 주관적일 수 있지만, 목표는 현실적이고 구체적이며 객관적이어야 한다. 독서의 목적을 세우는 것도 중요하고, 구체적인 목표를 세워 목적을 달성하는 것 역시 중요하다.

곰곰이 생각해보면 우리가 하는 일에는 모두 목적이 있다. 왜 책을 읽는가? 정보를 얻기 위해서, 흥미로워서, 지혜를 얻기 위해서, 여가 시간의 활용을 위해서다. 왜 힘들어 하면서 회사를 다니는가? 돈을 벌기 위해서, 자아실현을 위해서, 마땅히 할 일이 없어서, 남들이 다 하므로 등이다. 왜 운동을 하는가? 건강을 유지하기 위해서, 다이어트를 위해서, 자신감 있는 나를 만들기 위해서 등이다. 왜 친구를 만나는가? 수다를 떨며 스트레스도 풀고 재미도 느끼기 위해서 등이다. 우리가 하는 모든 행동에는 수많은 목적이 존재하지만 의식하지 않을 뿐이다. 의식하지 않아도 되는 이유는 목적의 크기가 너무 작기 때문이다. 신경 쓰지 않아도 그냥 이뤄질 만한 작은 목적들이다. 따라서 그것을 이루려는 목표를 설정할 필요가 없었다. 지금까지 우리의 독서가 그랬다. 독서에 대한 마땅한 목적이 없었기 때문에 목표도 필요하지 않았다. 여가 시간 활용을 위해 책을 읽는데 어떤 목표를 설정할 수 있단 말인가.

나 역시 책을 읽은 목적은 단순히 책을 좋아하니까 읽는 것에 제한되어 있었다. 정보를 습득하는 목적도 있었지만 일부에 한했다. 흥미 위주의 책들, 종교 서적, 자기계발서 등이 많았다. 인문학, 역사, 철학 책도 읽긴 했지만 크게 감흥은 없었다. 목표 없이 읽었던 나는 독서의 목적을 먼저 정했다. 책으로 내 삶의 길을 다시 찾는 것이었다. 조금은 이상적이고 뜬구름 잡는 것처럼 보이지만, 독서를 통해서 내가 다시 열정적으로 할 수 있는 일을 찾았으면 좋겠다는 게 나의 절박한 심정이었다. 대학을 졸업하고 사회생활을 시작했지만 좋아하는 일이 무엇인지 잘 몰라 고민하며 보낸 시간이 많았다. 이 일 저 일 시도해보았지만 자신감도 없었고 꾸준히 실행하지 못했다. 목적이 분명하지 않았기 때문이다. 자신의 일에 성공한 사람들이 그저 부럽기만 했다. 그러나 주부인 내가 당장 할 수 있는 일은 없었다. 많은 고민 끝에 좋아하던 책으로 다시 시작했다.

나는 구체적인 독서 목표를 정했다. 일주일에 2권 읽기. 누군가에게는 쉬운 일일 수 있으나, 아이를 키우며 나의 모든 시간을 아이에게 쏟을 수밖에 없는 주부에게는 그리 쉬운 일이 아니었다. 아이가 낮잠을 자는 시간에는 집안 청소며, 장보기며, 식사 준비를 해야 한다. 늦은 밤엔 너무 피곤해서 아이를 재우다가 잠들기 일쑤였다. 그럼에도 '일주일에 2권 읽기'라는 목표를 기억했다. 시작이라도 하자는 마음으로 독서에 열중했다. 그것이 나의 첫 시작이었다.

시작한 첫 달에 10권을 읽었다. 시간이 없어서 할 수 없다고 스스로 생각하고 물러났었는데 막상 해보니 그렇지 않았다. 시간이 없는 게 아니라 마음이 없는 것이었다. 하고 싶은 일이 생기고 마음을 쏟다 보니 길이 보였다. 책을 읽으며 스스로 자신감을 얻었다. 『메신저가 되라』는 책을 읽고는 마음이 흥분되어 견딜 수 없었다. 나의 독서 목적을 다시 설정했다. '나는 사람들에게 나의 경험과 스토리, 생각 등을 전해주며 힘을 주는 사람이 되고 싶다. 메신저가 되자.'라는 목적을 갖게 됐다. 그리고 독서의 목표를 세웠다. '메신저가 되기 위한 첫 번째 과정, 책 쓰기'가 바로 그것이었다. 자신이 하고자 하는 열정만 있으면 길은 언제 어디서든 열리게 됨을 나는 몸소 체험했다.

책을 읽는 과정에서 나의 목적이 변했고 목표도 변했다. 내가 책을 쓰겠다고 말했을 때 남편이 웃었다. 과연 될까 하는 생각이었을 것이다. 아니, 허무맹랑하다고 생각했을지도 모른다. 사실 나도 그랬으니까. 웃는 남편에게 두고 보라고 큰소리를 쳤다. 일단 큰소리쳤는데 어찌하나 싶었지만 목표대로 차근차근 내 할 일을 했다. 그렇다. 목표를 가져야 한다. 목표는 개울을 건너기 위한 디딤돌과 같다. 개울 건너편에 가는 것에 목적을 두었다면, 돌 하나하나를 차근차근 밟고 건너가다 보면 어느새 길을 건너게 된다. 너무나 명백하고 단순한 이 사실을 기억하자. 단순히 책 한 권 읽고 지나가는 것으로 끝내지 말자. 당신의 소중한 시간과 노력이 너무 아깝지 않은가.

책 읽기 자체는 목적이 될 수 없다. 단순한 행위일 뿐이다. 재미를 위해 읽을 수도 있고, 정보를 얻기 위해 읽을 수도 있다. 그동안 생각지 않고 읽었던 책이지만, 이제 명확한 목적을 가지고 읽자는 것이다. 독서를 통해서 내가 얻고자 하는 것이 무엇인지 목적도 세우고 목표도 세워보자. 어떠한 책을 골랐다는 것은 목적이 있기 때문이다. 잘 생각해보면 그렇다. 심리학에 관한 책을 골랐다면 심리학에 관심이 있는 게 당연하다. 대화 기술에 관한 책을 선택했다면 다른 사람과 대화를 잘 하고 싶은 바람이 있는 것이다. 어떤 책을 선택한다는 것은 배우고 싶은 정보가 그 안에 있기 때문이거나 저자의 노하우를 알고 싶기 때문이다. 목적을 분명히 하지 않았더라도 괜찮다. 책을 훑어보며 목적을 명확하게 정할 수 있다. 앞표지와 뒤표지, 목차, 저자 프로필 등을 간단히 살펴보면서 목적을 정하자. '이 책은 인간관계를 설명한 심리 책이구나, 이 책을 읽고 내가 그 상사와의 관계가 왜 어려운지 좀 생각해보자. 그 사람을 이해할 수 있게 될지도 몰라.' 처음엔 단순한 목적이라도 좋다. 독서에 점차 익숙해진 후 큰 목적을 설정하면 된다. 목적이 커야 큰 목표를 세울 수 있고, 당신의 독서력을 키워 성공하는 독서를 할 수 있다.

목적을 세웠다면 목표를 세우자. 하루에 50페이지를 읽는다든지, 메모는 어떻게 할 것인지, 점심시간에 20분 읽는다든지 등의 구체적이고 실천 가능한 목표를 세우자. 목표는 체계적이고 구체적이어야 한다. 당신의 목적을 이루기 위해 철저하게 목표를 세우고, 책 여백에 목적과 목표를 적어두자. 그 책을 읽는 동안 계속 보면서 동기부여 하자.

목표를 세웠다면 구체적인 실천으로 돌입하자. 나는 책을 읽기 위해 시간 관리표를 작성했다. 10분 단위로 무엇을 하는지 쓰는 것이다. 그러다 보면 틈새 시간이 보이고 그 시간에 책을 읽을 수 있었다. 독서법 수업에서 배운 내용인데, 전날 밤에 다음 날 읽을 책을 미리 정하는 방법도 있다. 책을 읽기 전 읽을 분량과 목표를 적은 후 읽기 시작함과 동시에 타이머를 작동시켜 놓으면 훨씬 몰입이 잘되는 것을 경험할 수 있다.

목표를 세우면 방법은 보인다. 스스로 찾지 않아서이지 조금만 신경 쓰고 생각한다면 목표를 정하는 것은 어려운 일이 아니다. 독서 효과를 최대한으로 끌어올리기 위해 목표를 정하는 일을 먼저 시작하자.

이 책을 읽는 당신의 목적은 무엇인가? 어떤 깨달음을 기대하는가? 이 책을 읽는 동안 당신의 목표는 무엇으로 설정했는가? 앞으로는 모든 책을 이런 질문들에 답하며 읽어나가자. 창조적 활동 없이 단순히 책을 읽는 것보다 훨씬 좋은 경험을 하게 될 것이다. 독서는 결코 쉬운 일이 아니다. 독서를 '제대로' 하며 성취해 본 경험이 있어야 효과도 기대할 수 있고, 다른 책들에 대한 기대감도 생긴다. 지금 당장 독서 목표를 세워보자. 목표는 당신의 꿈을 이뤄주는 든든한 발판이 될 수 있다.

집안 곳곳에
책이
나뒹굴게 하라

오늘도 아이와 신나게 논다. 집안 여기저기에 장난감과 책이 즐비하다. 아이는 마트 놀이를 하며 장난감 채소들을 거실에 옮겨 놓는다. 널린 책과 장난감들을 아이가 밟아 넘어질까 불안하다. 그래도 일단은 그냥 두고 아이와의 놀이에 집중하며 생각한다. '나 많이 변했네. 예전 같으면 이런 거 참지 못했을 텐데...' 그렇다. 나는 어질러놓는 것을 싫어한다. 청소는 좋아하지 않아도 정리는 제대로 했다. 물건이 제자리에 있지 않으면 원래 자리에 가져다 놓고 싶은 충동이 일어난다. 너저분한 것이 싫었다.

박혜란 씨의 육아에 관한 책을 읽은 적이 있다. 그녀는 삼형제를 키우면서 집안 정리를 포기했다고 한다. 정리하고 청소해야 한다고 생각했을 때는 아이들에게 어지럽히지 말라고 잔소리를 했고, 청소하고 나서 또 더러워지는 상황에 화가 났단다. 그래서 그녀는 청소를 포기하고 살기로 했다. 그러고 나니 오히려 마음도 편해지고 아이들과도 더 활기차게 놀 수 있었다고 한다. 총싸움도 같이 하면서 말이다. 어질러놓고 산 덕에 아이들의 창의성이 자란 것 아닐까 생각한다고 그녀는 말했다. 책을 읽고 나도 다짐했다. '깨끗함을 원하는 것은 내 욕심이다. 우리 아이가 원하는 것이 아니다. 아이에게 맞춰 마음껏 놀게 하고 정리는 밤에 한 번만 하자.' 원칙을 지키고 인내하자 어질러진 상황이 그리 스트레스가 되지 않았다. 이제는 그것을 누리는 여유까지 부리며, 지금도 나는 집이 엉망인 상태로 글을 쓰고 있다.

어제는 아이와 함께 카페에 갔다. 유모차에 태워 재우고 나는 책을 읽을 요량으로 갔지만 아이가 깨는 바람에 실패했다. 카페 안에는 친구를 만나는 사람들보다 혼자 공부하고 작업을 하고 책을 읽는 사람들이 더 많았다. 우리가 그곳에 가서 책을 읽고 공부를 하는 이유는 무엇일까? 잔잔한 음악이 흐르고 집중이 잘되는 분위기 때문일 것이다. 또한 책 읽고 공부하는 사람들 틈에 있으면 나도 더 집중해서 열심히 하게 된다. 내가 그곳을 찾은 이유이기도 하다.

독서를 하기 위해서는 환경이 중요하다. 도서관도 좋고, 서점도 좋다. 카페도 좋고, 공원도 좋다. 시간과 환경에 따라 얼마든지 바꿔가며 이용할 수 있다. 책을 읽는 환경도 중요하지만 그보다 더 중요한 것은 책을 비치하는 환경이다. 지금 사무실 책상에 책이 한권이라도 올려져있는지 살펴보자. 거실 소파에, 식탁에, 방에, 화장실에, 차 안에 여기저기 책들이 눈에 띄는가? 그렇지 않다면 지금 당장 그렇게 하라고 권하고 싶다.

정리된 주변도 중요하다. 깨끗하고 정리된 환경에 있으면 생각도 마음도 편안해진다. 그렇지만 우리의 사고와 의식의 경계를 허물기 위해, 자기계발과 미래의 꿈을 위해 정리쯤은 포기할 수 있다. 나는 집안 곳곳에 책을 널어두라고 말하고 싶다. 보통 책은 책꽂이에 잘 꽂혀있다. 읽지 않는 책일수록 반듯이 깔끔하게 정렬되어 있고 그 자리에만 항상 있다. 지난 한 달 동안 당신은 책꽂이에서 몇 권이나 되는 책을 뽑아 읽었을까. 아마 거의 없을 것이다.

책 좀 읽는다는 사람들은 손이 닿는 곳 어디에나 책을 둔다. 가방에 책 두 권쯤은 기본이요, 서재나 화장실에서도 언제나 쉽게 손 닿을 수 있는 곳에 책이 있다. 나는 예전엔 책을 꼭 책상과 책꽂이, 가방에만 두었다. 육아를 하면서는 책 읽을 시간이 없었다. 점점 시간이 빠듯해지고 책을 읽기 위해 자리에 앉는 것도 쉽지 않았다. 자투리 시간이라도 활용해야겠다고 생각하니 자연스레 책을 집안 곳곳에 비치하게 되었다. 아이와 함께 놀다가도 책을 펼칠 수 있도록 항상 옆에 두고, TV를 보다가도 광고 시간에 읽기 위해 소파에 책을 둔다. 화장실에도 두고, 주방 식탁에도 올려둔다. 눈에 자꾸 보이면 잊지 않고 책을 읽어야겠다는 생각이 든다. 눈에 띄면 들춰보게 되고 그만큼 더 자주, 더 많이 읽게 된다. 경험상 책장에 가지런히 꽂혀있는 책보다는 바닥에 뒹굴거리며 자신을 봐달라고 애원하는 것 같은 책에게 한번이라도 눈길이 더 간다. 책장으로 가서 심사숙고하여 고르는 의식적인 행동을 하지 않아도 되기 때문에 부담도 적다.

일본의 한 작가는 화장실에서는 단편집을 읽는 것이 편하기 때문에 화장실 비치용으로 단편집을 구매한다고 한다. 자신에게 좋고 편한 책을 골라 어디든 놓아보자. 때로는 발에 채이게 두자. 책이 귀한 옛날이야 고이고이 모셔두며 깨끗이 읽었지만, 요즘은 책이 너무 흔하다. 깨끗한 책을 보면 역할을 다하지 못한 책이라고 생각된다. 책을 좀 편하게 굴려보자. 중국 전한의 회남왕 유안이 저술한 책인 『회남자』에는 "시간이 없어서 독서하지 못한다고 하는 사람은 시간이 있어도 독서하지 않는다."라는 말이 있다. 책을 이곳저곳에 비치해두면 시간이 없어 책을 읽지 못한다는 핑계는 댈 수 없을 것이다.

심리학에 '단순노출효과'라는 용어가 있다. 미국의 심리학자 로버트 자이언스*Robert Zajonc*에 의해 소개된 개념으로, 자주 노출된 자극이나 대상에 대해 긍정적인 태도를 갖게 되는 현상을 일컫는다. 낯설거나 무관심한 자극이라도 자주 접하기만 하면 인지적 활동과 무관하게 호감이 증가하는 긍정적인 태도를 형성할 수 있다는 것이다. '에펠탑 효과'라고도 부르는데 에펠탑을 건설했을 당시 많은 사람들이 이 철골 구조물이 파리의 경관을 해친다고 싫어했다. 그러나 이제 에펠탑은 파리 제1의 명소가 되었다. 단순노출효과 덕이다. 광고에서도 단순노출효과를 많이 이용한다. 익숙한 광고 카피들이 있을 것이다. 예를 들면, '이가튼튼 이가탄' 혹은 '때가 쏙 비트' 이런 광고들 말이다. 광고를 통해 익숙해진 제품은 소비자들의 선택을 받기도 쉬운 법이다.

책도 마찬가지이다. 자주 보게 되면 책을 좋아하지 않던 사람이라도 책에 대해 호감을 가지게 되고 보고 싶어진다. 사람도 자꾸 보이면 그 사람에 대해서 궁금해지는 것이 당연한 이치다. 집안 곳곳에 책을 비치하고 자주 눈에 익히자. 책에 대한 궁금증이 당신의 마음을 책으로 향하게 할 것이다. 더 많이 읽을수록 얻어지는 결과는 분명해진다. 직장인들에게는 집보다 더 많은 시간을 보내는 곳이 사무실이다. 사무실 책상에도 한두 권의 책들을 비치하자. 점심시간 혹은 잠깐 커피를 마시는 시간에라도 읽게 될 것이다. 책이 눈에 띄지 않을 때보다 분명 더 많은 책을 접할 수 있고 독서 습관도 기를 수 있을 것이다. 사자성어에 '근묵자흑近墨者黑'이라는 말이 있다. 먹을 가까이 하면 검어진다는 뜻으로 사귀는 벗에 따라 선하게도 악하게도 변한다는 말이다. 책을 가까이 하면 책을 닮은 사람이 된다. 책을 가까이 하는 것만으로도 우리가 달라질 수 있는 기회가 늘어난다.

오늘부터 집 안 곳곳에 책이 나뒹굴게 하는 것을 목표로 삼자. 우선 읽고 싶은 책 여러 권을 선정하자. 사놓고 읽지 않는 책부터 새로 산 책, 도서관에서 빌린 책 모두 좋다. 당신이 자주 머무르고 자주 시선을 두는 곳에 책을 놓자. 익숙한 곳에 놓인 낯선 책의 존재가 당신의 마음에 신선한 자극이 될 것이다. 당장 손이 가지 않는다면 지나다니면서 눈길이라도 한 번씩 주자. 어느새 그 책을 손에 들고 있는 당신을 발견하게 될 일은 불을 보듯 뻔하다.

자신만의
독서 스타일을
찾아라

나는 아메리카노를 좋아한다. 평상시엔 아메리카노를 마시지만 흐리거나 비가 오는 날에는 카페라떼를 마신다. 여러 번 그런 선택을 반복했더니 이제는 습관이 되었다. 흐린 날엔 반드시 카페라떼를 찾게 된다. 라떼를 먹어야만 기분이 풀리는 느낌이다. 누구나 자기만의 스타일이 있다. 스타일이란 옷이나 머리, 패션 스타일부터 이상형 스타일, 공부 스타일 등 자신만의 일정한 방식을 가진 것들을 의미한다. 그 방식을 즐기기 때문에 스타일이 생기는 것이다. 우리는 독서를 얼마나 즐기는가? 나의 독서에 스타일이 있을까?

학창 시절, 좋아하는 선생님의 과목을 열심히 공부해 본 기억, 누구에게나 있을 것이다. 영어 선생님이 좋으면 알지도 못하는 영어를 공부하기 시작할 것이고, 국어 선생님이 좋으면 괜히 책도 읽고 글도 써보고 시도 읽어본다. 책을 좋아하면 책의 표지도 꼼꼼히 살펴보고, 디자인은 어떤지, 제목 글자체는 어떤지, 제목과 목차는 어떤지 하나하나 흡수하고 싶어서 노력한다. 내용은 두말할 것도 없다. 좋아하는 작가의 책은 더욱 그렇다. 때와 장소를 가리지 않고 책을 가지고 다니고 언제 어디서나 책을 읽을 수 있는 마음가짐이 준비되어 있을 것이다. 그것이 즐기는 것의 시작이다.

우리나라 역대 대통령들이 어떤 방법으로 어떤 책들을 읽었는지에 대해 설명해주는 『대통령의 독서법』이라는 책이 있다. 이명박 전 대통령은 실용적인 비즈니스 책을 집중적으로 골라 읽고 현실에 적용하는 실용 독서법을 즐겨했다. 노무현 전 대통령은 넘치는 지적 호기심으로 자유분방한 다독을 즐기며 비판적인 독서를 했다. 어려운 책을 읽어 두뇌를 깨우며 독서력을 강화했다. 김대중 전 대통령은 대단한 독서광으로 철학, 역사, 경제, 문학 등 다양한 분야에 해박한 지식을 가졌으며 1시간 읽고 1시간 생각하기, 대차대조 메모법 등 자신만의 스타일이 확고했다.

당신의 독서 스타일은 어떠한가? 나는 다양하게 책을 고른다. 서점에서 눈에 띄는 책을 고르기도 하고, 지식인들이 추천해주는 책을 고르기도 한다. 지하철에서 어떤 사람이 읽고 있는 책이 무엇인지

봐 두었다가 끌리는 내용이면 읽기도 한다. 책을 읽다가 맘에 드는 작가가 있다면 그의 책을 다 찾아 읽는 방법도 있다. 어려운 책과 쉬운 책을 번갈아가며 읽고, 중요한 책은 여러 번 반복해서 읽는다. 인문, 심리, 사회, 문학 자기계발, 역사, 가정/육아 등 여러 분야를 좋아한다.

샤를 단치는 그의 저서 『왜 책을 읽는가』에서 "책을 잘 읽는 것은 새 신발을 고르는 일과 같다. 이것저것 가리지 않고 신어봐야 가장 잘 어울리는 신발을 고를 수 있다."고 말했다. 좋아하는 분야, 작가, 취향 등을 찾기 위해 여러 책을 가리지 않고 읽어보는 일도 필요하다.

나는 집보다는 다른 곳에서 책 읽기를 즐긴다. 집에서는 왠지 쉬고 싶고 자꾸만 딴짓을 하고 싶어진다. 침대를 보면 눕고 싶고, TV를 보면 보고 싶다. 가족을 보면 이야기하고 싶고, 어지러운 집안이나 빨랫감을 보면 하고 싶진 않지만 집안일을 해야 하는 의무감을 느낀다. 그래서 내게 집은 독서하기에 그리 좋은 장소는 아니다. 이른 아침 지하철도 독서에는 도움이 되지 않는 공간이다. 지옥철을 타본 사람은 안다. 책을 펼칠 틈도 없이 전동차 안에 사람이 꽉꽉 들어찬다. 숨 쉬는 것도 버겁다. 예전에는 작은 틈만 나면 책을 펼쳤는데, 다른 사람들에게도 미안하고 그만한 효과도 없어 그만두었다.

어쩌다 자리가 나서 앉았다고 해도 쏟아지는 잠을 거부하기가 여간 어려운 일이 아니었다. 다만 한가한 오후나 절정의 퇴근시간이 끝나갈 8시 무렵의 전철은 책 읽기에 적합하다. 도서관도 그리 좋아하지 않는다. 너무 조용해서 오히려 작은 소리에도 민감해지고 집중이 잘 안 된다. 온전히 책에만 집중할 수 있는 장소인 카페나 서점을 좋아한다. 음악과 약간의 소음이 적당히 섞여있으면 처음엔 좀 집중하기 어려울지 몰라도 시간이 흐를수록 책에 빠져드는 것을 경험할 수 있다. 집 근처에 좋아하는 카페가 있다. 공간이 아주 넓고 혼자 공부하거나 일하는 사람들이 많이 찾는 곳이라 시끄럽지도 않다. 우연히 갔다가 그 카페를 사랑하게 되어 시간이 날 때마다 찾는다. 그곳에서 책을 읽거나 글을 쓰면 왠지 더 잘 읽히고 잘 써지는 느낌이 든다.

더 좋은 곳은 사방이 뻥 뚫린 자연의 공간이다. 넓은 공원이나 호숫가, 한적한 곳에서 책을 읽으면 그보다 행복할 수 없다. 그래서 나는 가끔 스트레스를 받거나 기분이 우울해지면 책 한 권을 들고 산책을 한다. 한참 공원을 걷다가 앉아서 책을 읽으면 마음이 잔잔해지고 새로워지는 것을 느낀다. 자신만의 애정이 있는 공간을 찾을 수 있다면 독서에 날개를 달 수 있다.

하루 종일 시간이 있다고 계속 책만 읽기는 어렵다. 나는 일정 시간을 정해놓고 누가 쫓아오듯 마구 책을 읽어나가는 것을 즐긴다. 속도를 내서 마구 읽는 것이 아니라 한곳에 집중하며 읽는다. 30분이나 1시간 시간을 정해두고 책만 집중해서 읽는다. 이때는 주위의 소음에 신경 쓰지 않고 스마트폰도 보지 않는다. 딱 집중해서 한 시간 읽고 나면 성취감이 몰려온다. 잠시 다른 일을 하며 쉬었다가 다시 또 책에 몰입한다. 시간적 여유가 있을 때 사용하던 방법으로 아이를 키우는 지금은 잠깐 잠깐의 몰입에 더 익숙해졌다.

나는 책을 대할 때는 열린 마음으로 대한다. 비판하며 읽는 것이 중요하지만, 우선은 저자가 어떤 생각을 하는지 겸손한 자세로 그의 생각을 듣는 것이 먼저이다. 아집을 버리고 열린 마음으로 책을 읽다가 공감할 것은 공감하고, 비판할 부분은 비판하며 읽으면 된다. 많은 사람들이 책을 읽지 않는 이유 중 하나는 배울 것이 없다고 생각하는 것이다. 어떠한 책도 배울 것이 없는 책은 없다. 물론 중요하게 습득해야 할 책이 있고 스치듯 읽어도 될 책이 있지만, 모든 책은 당신에게 단 하나의 영감이라도 줄 것이다. '이런 생각은 아니지 않나?'라는 생각을 포함해서 말이다. 무조건 비판적으로 읽으려고 애쓰지 말고 넓은 마음으로 책을 대하되, 정보와 의견을 비판적으로 생각하며 자신만의 사고를 해 나가자.

책을 읽기 전에 표지나 목차, 프로필 등을 살펴보며 자신만의 가설을 세워보는 것도 좋은 방법이다. 예를 들어 성공한 사업가의 자서전이면, '이 책은 자신의 성공스토리를 이야기하는 책이구나, 전

세계 프랜차이즈를 만든 이 사람의 비법은 마케팅이 아닐까? 아니면 인간관계일 수도 있겠다.'는 가설들을 세우고 대강의 내용을 추측해보는 것이다. 자신의 가설이 맞는지 아닌지를 확인하며 책을 읽는다면 훨씬 더 흥미롭고 깊이 있는 독서가 가능하다. 정보와 깨달음도 오랫동안 기억할 수 있다.

이 모든 것은 지극히 나의 개인적인 독서 스타일이다. 항상 이런 상황과 공간에서 책을 읽을 수만은 없다. 여러 가지 대안 중 내가 좋아하는 상황이나 방법이라는 뜻이다. 당신은 어떤 독서 스타일을 가졌는지 생각해보자. 의식하지 못했던 습관이 떠오를지도 모른다.

책을 읽다가 마음에 새기고 싶은 문장을 암기하거나 좋은 글을 낭독하며 읽는 것도 독서에 재미를 더하는 방법이다. 한 권을 먼저 다 읽고 새로운 책을 읽을 수도 있고, 여러 권을 쌓아놓고 번갈아가며 읽는 방법도 있다. 책을 읽고 다른 사람에게 그 내용을 말해보거나 가르쳐주는 것도 책의 내용을 완전히 이해하고 내 것으로 만들기 위한 좋은 방법이 될 것이다.

책을 좋아하고 책을 읽기로 결정했다면 독서에 대한 남다른 의미와 철학을 가져보자. 독서는 마음이 어려울 때 나의 길이 되어주었다. 즐거움을 주는 친구이자 조언을 해주는 선생님이었다. 정신력을 유지해주고 끌어올려주며 힘을 더해 주는 것이 바로 독서이다.

각양각색의 사람들이 존재하듯 사람들마다 다양한 독서법을 갖고 있을 것이다. 자신이 좋아하는 독서 스타일도 다 다를 것이다. 모두의 독서법은 없다. 거창하고 원대한 것일 필요도 없다. 다른 사람들이 좋다고 말하는 것보다 자신만의 방법과 스타일이 필요하다. 나만의 스타일이 없다는 것은 그만큼 책을 읽지 않았다는 증거이다. 이제 당신만의 독서 스타일을 만들고 찾아나가자. 독서에 한층 재미를 더할 수 있을 것이다.

지식보다 지혜를 구하라

학창 시절부터 지금까지 우리는 어떠한 공부를 했을까? 나를 포함한 대부분의 사람들은 지식을 얻기 위한 목적으로 공부를 했을 것이다. 중고등학교 시절엔 학습지와 참고서 등을 더 많이 보았을 것이고, 대학 땐 시험 준비용 수험서나 기출 문제집 등을 더 많이 샀을 것이다. 이러한 공부는 단편적인 지식을 채워줄 수 있을지는 모르나 우리 인생을 살아가는 데 필요한 조언을 위해 꺼내 쓸 수 있는 것들은 아니다. 우리가 단 한 번 누릴 수 있는 소중한 10대, 20대의 젊은 시간들을 지식을 위한 공부와 책 읽기에만 투자했다는 사실이 안타깝다.

지식은 언제 어디서나 배울 수 있다. 책을 통해서도 배울 수 있고 강의를 들으며 얻을 수도 있다. 일차적인 정보를 찾고 내 것으로 받아들여 해석하면 나의 지식이 된다. 그러나 지혜는 그렇지 않다. 내가 원한다고 얻을 수 있는 것도 아니며, 쌓고 싶다고 쌓을 수 있는 것도 아니다. 자신이 축적한 지식을 자신의 색깔과 통찰력으로 가공하고 만들어야 내면의 힘이 되는 지혜가 된다. 지식이 없으면 무식하다고 하지만, 지혜가 없으면 어리석다고 한다. 무식함은 정보를 쌓고 공부하면 극복할 수 있지만, 어리석음은 스스로 깨닫기 힘들고 홀로 극복하기란 더 어려운 일이다.

"노인 하나가 죽으면 도서관 하나가 불타는 것과 같다."라는 아프리카 속담이 있다. 그만큼 지혜는 오랜 시간 동안 축적되어 온 노하우와 연륜을 통해서 얻을 수 있다. 사실 우리가 독서를 하는 근본적인 이유는 지식보다 지혜를 얻기 위함이다. 책을 읽으면 저자의 생각과 가치관을 읽을 수 있고 다양한 삶을 간접적으로 경험할 수 있다. 우리는 두 가지 방법으로 간접 경험을 할 수 있다. 하나는 저자를 직접 만나 이야기를 듣고 배우는 것이며, 또 하나는 책을 통해 저자의 경험과 생각을 만나는 것이다. 현실적으로 많은 저자들을 만나기 어려우므로 우리는 쉽게 책을 통해 그들을 만난다. 책을 통해 그들의 경험과 생각, 가치관, 노하우를 배우면서 인생의 지혜를 터

득해간다. 이를 통해 나의 생각이 변하고, 행동이 변하며, 삶이 바뀌게 됨을 경험할 수 있다.

인문학은 인간과 관련된 근원적인 문제, 가치관, 사상, 문화 등을 다루는 학문이다. 내가 대학에 다니던 10여 년 전에는 인문학이 위기인 시대였다. 대학의 인문학 계열에 진학하는 학생의 수는 현저히 줄어들었고 인문대 교수들은 인문학의 위기를 선언했다. 매스컴에서도 취업이 잘되는 이공 계열만 부상하고 있다고 전했고 부모들도 자녀들이 인문학을 선택하지 않기를 바랐다. 이대로 인문학이 무너지는가 싶었다.

그런데 몇 해 전부터 인문학 열풍이 불기 시작했다. 인문학과 고전이 주는 지혜와 통찰력이 재조명되었기 때문이다. 요즘은 대학 입시의 논술과 취업 과정에서도 사회 문제나 이슈 등에 대해 질문을 한다. 지원자의 개인적 의견과 가치관을 파악하는 등 인문학적 소양을 중요하게 평가한다. 인문학이 새롭게 떠오르는 이유는 인성과 가치관, 지혜가 중요한 시대가 되었기 때문이다. 책을 많이 읽는다고 지혜가 축적되는 것이 아니며 힘을 발휘하는 것도 아니다. 책에서 전해주는 내용은 1차적인 정보이다. 그 정보들을 체화해서 삶에 녹여낼 수 있으면 지혜가 된다. 지식을 토대로 자신의 생각과 가치관을 정립할 수 있는 능력이 중요한 것이다. 지식 사회를 살아가는 우리에게 정보는 무한대로 열려 있고 언제든 누구든 필요할 때 사용할 수 있다. 지혜는 그렇지 않다. 같은 체험을 하고 같은 시간을 살더라도 배우고 깨닫는 것은 사람마다 다르다. 자신의 체험이 없는 지혜는 자신의 것이 되기 어렵다. 산재해 있는 지식들을 하나로 모아 통찰력과 분별력으로 자신만의 지혜를 축적하는 것이 우리의 과제다.

지혜를 얻을 수 있는 가장 좋은 방법은 역시 독서이다. 독서하는 행위 자체가 아니라 사고하고 분석하여 내 것으로 만드는 과정이 지혜를 얻는 과정의 시작이다. 날것 그대로의 지식에 나의 생각, 경험, 가치관 등을 더해 지혜를 만들어 내는 능력이 필요하다. 프루스트는 "작가의 지혜가 끝나는 곳에서 우리의 지혜가 시작된다는 것이 사뭇 사실이라고 느껴진다."고 말했다. 읽기에서 멈추면 지혜가 자라날 틈이 없다.

나는 한때 성경의 잠언을 필사한 적이 있다. 성경은 종교를 막론하고 지혜를 얻기에 좋은 책이다. 특히 잠언은 지혜의 왕 솔로몬이 집필한 것으로 살아가면서 배워야 할 이야기가 담겨 있다. 잠언을 쓰면서 '왜 이런 말을 했을까', '왜 이렇게 행동했을까', '나라면 어땠을까' 등을 생각했다. 한 글자 한 글자씩 따라 쓰다 보면 마음이 차분해지고 나 자신을 글에 비추어 볼 수도 있었다. 천천히 삶을 돌아보기도 하고 일기를 쓰기도 하고 다른 사람과 생각을 나누기도 했다.

돌아보니 스스로 깨우치게 되는 이러한 과정이 지혜가 쌓이는 과정이었음을 알게 되었다.

지혜는 천천히 자라기 시작하며 어려운 방법을 택해야 자라날 수 있다. 글을 쓰는 것도 좋고 토론을 하는 것도 좋다. 좋은 글이 있다면 나처럼 필사를 하는 것도 좋은 방법이다. 읽는 것에만 집중하여 마구 읽기보다는, 한 페이지라도 천천히 읽으며 질문도 하고 생각도 하면서 읽어야 한다. 스스로 생각할 수 있는 기회를 주자. 급박하게 돌아가는 일상에서 벗어나 느리게 사색하며 내 것으로 만드는 기회를 나 자신에게 선물하자. 그래야만 지혜도 자랄 수 있다.

지혜를 구하는 일은 나무를 베기 위해 도끼의 날을 가는 일과 같다. 날카로운 연장을 미리 준비해놓고 나무를 베면 힘을 덜 들이고 한번에 나무를 벨 수 있다. 지식 기반 사회이기 때문에 어떠한 정보력을 갖추었는지도 중요하다. 그러나 더 중요한 것은 그 많은 정보를 어떻게 처리하고 가공하여 나의 것으로 만드느냐이다. 인터넷이나 스마트폰을 통해서 누구나 쉽게 정보를 검색하고 얻을 수 있다. 지혜는 그렇지 않다. 지혜는 지식을 고찰하고 적용함에서 나온다. 스스로 질문하고 사고하는 과정을 통해서 깨달음을 얻을 수 있다. 단순히 머리로만 알고 있는 것이 아니라 인생을 살며 언제든 꺼내 쓸 수 있는 것이 지혜이다. 책을 통해 무수히 많은 지식을 쌓았다고 해도 지혜는 적을 수 있다. 깨달음이 없는 지식 추구는 아무리 해도 소용없다. 수많은 지식 중에서 어떤 정보와 지식이 나에게 유익한지를 발견해내는 현명함과 통찰력이 필요하다. 도끼의 날을 날카롭게 갈 듯이 지식을 잘 다듬고 시대를 분별하며 날카롭게 적용하고 실천하는 것, 사고를 확장하고 그 이상의 나를 만드는 것이 지혜를 얻는 첫걸음이다. 흔들림 없는 인생을 위해 지혜를 추구하는 독서가가 되길 바란다.

사색의 힘을 길러라

나는 분위기 좋은 레스토랑에서 소개팅을 한 적이 있다. 상대방은 외모도 괜찮고 매너도 있었다. 기본 이상은 되어 보였다. 여러 이야기들을 주고받다가 어색함이 사라질 때쯤 나는 상대에게 물었다.

"책 좋아하세요?"

"아, 저는 책을 별로 안 읽어요. 바쁘기도 하구요."

나의 관심은 거기까지였다. 책을 읽지 않는 사람에게는 관심이 생기지 않았다. 내가 책을 좋아하기도 하고 책을 읽지 않으면 분명 생각하는 힘도 크지 않을 것이라고 생각했다. 인생을 살면서 책을 멀리하다니, 안타까울 따름이었다.

지금의 남편도 소개팅으로 만났다. 친구가 소개시켜 주었는데 사실 첫인상은 그리 끌리지 않았다. 외모도 내 스타일은 아니었고 나를 사무적으로 대하는 것 같았다. 만나자마자 갑자기 생긴 일 때문에 2시간 뒤에 가야 한다고 했다. '당신은 아니다.' 생각하며 형식적으로 차를 마시는데, 책을 많이 읽는다는 이야기를 듣게 됐다. 책 이야기를 포함해 많은 대화를 나눠보니 생각의 깊이도 깊었다. 내가 남자 친구를 고를 때 중요하게 생각했던 것 2가지가 있었다. 하나는 유머가 있어서 나를 즐겁게 해줄 수 있는 사람이고, 다른 하나는 책을 많이 읽고 생각할 줄 아는 사람이었다. 생각을 할 수 있는 사람인지 아닌지, 책을 많이 읽었는지가 사람을 보는 기준이었다. 남편은 책을 많이 읽을 뿐만 아니라 사고할 줄 아는 사람이었다. 끌림은 없었지만 책이 인연이 되어 대화를 이어나갔다. 그렇게 우리는 연인이 되었고 부부가 되었다. 나중에 남편에게 나의 어떤 점이 그렇게 마음에 들었냐고 물으니 소개팅 당시 내가 읽고 있었던 책이 상당히 수준 높은 책이어서 그 점이 끌렸다고 했다. 물론 지금 나는 그 책의 내용이 잘 기억나지 않는다. 열심히 읽기만 했던 때라 그랬다.

우리는 무의식적으로 생각을 많이 한다. 오늘도 얼마나 많은 생각을 했을까? 그 생각 중에 우리의 성장에 도움이 되고 건강한 생각은 얼마나 될까? 지하철은 왜 안 오는지, 차는 왜 이렇게 막히는지, 어떻게 하면 일을 덜 할 수 있을지, 저 사람은 왜 나한테 그러는지,

어떻게 하면 내가 더 많이 가질 수 있는지, 나는 왜 이렇게 초라한지… 혹시 이런 생각들로 하루를 보낸 것은 아닌가? 생각은 정말 중요하다. 생각의 방향에 따라 우리의 행동이 일어나고, 우리가 하는 생각이 우리의 삶을 지배하고 미래를 바꾼다. 생각해보자. 우리가 지금 하고 있는 일, 가지고 있는 것은 모두 과거에 했던 생각의 결과물이다. 내 생각과 기준에 따라 행동하고 살아온 결과가 바로 지금의 나 자신이다. 생각이 얼마나 중요한지 깨닫게 되지 않는가. 지금 생각하지 않으면 미래도 똑같다.

우리는 지식을 배우는 과정에서 주입식 교육을 받아왔다. 이혜정 저자의 『서울대에서는 누가 A+를 받는가』에 따르면 학생들의 87%가 교수의 강의를 그대로 필기하고, 90%의 학생이 시험을 볼 때도 자신의 생각 대신 교수의 의견을 적는다고 한다. 대학에서조차 교수님의 강의로 수업이 진행된다. 간혹 발표와 토론 시간이 있긴 하지만 학점을 위해 수동적으로 참여한다. 15년 이상 이런 정규 교육을 받는 우리는 생각할 힘을 잃어간다. 이뿐일까. 각종 매체와 디지털 기기는 우리가 생각하지 않아도 될 정도로 모든 환경을 완벽하게 고안해놓았다. 인터넷과 스마트폰을 하면서 건설적인 생각을 한다는 것은 정말 어렵다. 쇼핑을 하고 연예, 스포츠 뉴스를 즐겨보는 것은 생각하지 않아도 되기 때문이다. 나는 TV 예능프로그램 중 〈무한도전〉을 즐겨본다. 연예인들이 좌충우돌하는 상황이 재치 있는 자막과 함께 재미있게 그려진다. 아무것도 하고 싶지 않을 때 보면 딱 좋다. 웃음을 주는 프로그램이라 보는 동안 즐겁다. 예능을 보면서 생각을 할 필요는 없다. 프로그램이 적극적으로 보내오는 내용을 그냥 받아들이기만 하면 된다. TV 예능을 보면서 'PD가 이 아이템을 기획하면서 가장 고민한 건 무얼까, 시청자에게 어떤 메시지를 주는 것일까.'를 생각하지는 않는다. 결과적으로 TV는 우리의 생각을 방해하고 마비시킨다. 모두 다 똑같이 사는 요즘, 이제는 사고하는 힘이 필요하다. 사색의 능력이 우리의 가치를 높여줄 것이다.

생각하는 능력은 일회적으로 연습한다고 얻을 수 있는 것이 아니다. 독서는 생각하는 법을 배우는 가장 좋은 방법이다. 책은 우리에게 적극적으로 생각할 수 있는 기회를 제공한다. 우리가 해야 하는 생각은 의식적이고 적극적인 생각이다. 책을 읽는 것보다 생각하는 습관을 기르는 것이 더 어렵다. 책 읽기에도 일정한 시간을 들이고 노력해야 길이 보이는 것처럼 생각도 그렇다. 사소한 것이라도 내 생각을 정리하는 습관을 들이다 보면 생각을 의식적으로 해야 한다는 필요성도 느낄 수 있고, 생각하는 법도 배울 수 있다. 이런 습관이 쌓이면 사고가 깊어지고 넓어진다.

생각의 능력을 높이는 좋은 방법이 바로 책을 읽고 질문하는 것이다. 생각은 질문을 통해 시작된다. 책을 읽으며 '저자는 왜 이렇게 생각할까? 나는 이 부분에 대해 어떻게 생각하지? 더 나은 대안이 무엇일까? 내 삶에 어떻게 적용할까? 등의 생각을 할 수 있다. 이것이 바로 제대로 된 책 읽기다. 자신에게 끊임없이 질문하며 읽어야 한다. 그렇지 않으면 책이 당신에게 주는 유익의 1/10밖에 얻지 못할 것이다. 아이에게 길러주고 싶은 능력이 무엇이냐고 누군가가 나에게 묻는다면 나는 '독서 습관'이라고 말하고 싶다. 단순히 읽는 습관을 길러주고 싶은 것이 아니라 책을 읽은 이후에 사고하는 능력을 길러주고 싶다. 생각하고 질문하고 자신의 생각을 정리하는 단계를 거치며 책을 읽는다면 자연스럽게 독서 실력이 향상될 것이며 인생을 살아가는 데도 큰 힘이 될 것이다.

> 독서는 다만 지식의 재료를 공급할 뿐이며, 그것을 자기 것이 되게 하는 것은 사색의 힘이다. -로크

책을 읽었다면 이제 책을 덮고 생각할 시간을 가져라. 파커는 많이 생각하게 하는 책이 가장 도움이 되는 책이라고 말했다. 많이 생각하게 하는 책을 선택하는 것이 첫 번째 할 일이고 읽고 난 후 생각하고 집중하는 것이 두 번째로 할 일이다. 나도 예전에는 질문하고 생각을 정리하는 데에 시간을 쓰지 못했다. 생각하는 데 많은 에너지가 쓰이기 때문에 미뤄두거나 아예 하지 않은 적도 많다. 당신은

이렇게 하지 않기를 바란다. 적극적인 생각이 당신의 독서를 바꾸고 인생을 바꿀 것이다.

사색은 생각과 비슷한 표현이지만, 좀 더 깊고 넓은 느낌이다. 사색이란 단어는 몰입하고 집중하는 느낌이 더 든다. 생각의 재료를 요리하기 위해 따로 시간과 장소를 마련해야 한다. 나는 산책하는 것을 즐겼다. 직장을 구하기 전, 매일 공원을 3시간씩 산책하며 생각을 정리했다. 내가 무엇을 원하는지, 어떻게 할 것인지, 어떤 삶을 살 것인지를 생각했다. 그리고 한 달 후 취업에 성공했다. 조용하고 넓고 한적한 곳을 걸어보자. 자연히 생각하게 될 것이다. 책을 가지고 나가서 읽은 후 생각에 잠겨도 좋다. 규칙적으로 생각하는 시간을 만들자. 한 가지 또는 그 이상의 목표를 가졌다면 그것을 곱씹고 되새기며 끝까지 생각하자. 고민하고 생각하는 습관을 통해 문제 해결은 물론 창조적이고 비판적인 사고 능력도 얻을 수 있다.

깨달음을 메모하고 실천하라

나는 가끔 전에 썼던 일기를 꺼내 읽는다.

'2010년 3월. 미래일기라는 책을 읽었다. 5년 후의 내가 되어 오늘부터 미래일기를 써봐야겠다.'

'… 가치 있는 삶을 살자. 나만을 위한 삶이 아니라 타인과 함께 나누는 삶을 살고 싶다. 지금 나의 삶은 소비만 할 뿐이다…'

'회사에서 너무 힘들었다. 나를 괴롭히는 모든 사람이 회사에 있는 것 같다…'

'공부는 재미있지만 실제적으로 어떻게 적용해야 할지 아직 계획이 없다. 내 미래는 어떻게 될까…'

그리 오랜 시간이 지나지도 않았는데 내가 이런 생각을 한 적도 있구나 싶을 때가 있다. 가끔은 성숙한 생각을 해서 놀라기도 하고, 때로는 나쁜 감정에 마구 써 내려가서 글도 생각도 엉망일 때도 있다. 일기를 읽는 것은 과거의 나를 만나는 것과 같은 의미 있는 일이다. 추억에 잠기기도 하고 그때의 나와 지금의 나를 비교해볼 수도 있다.

과거에 읽었던 책을 살펴보는 것도 마찬가지다. 무수히 많이 적혀있는 손 글씨와 그어놓은 밑줄들이 나를 설레게 한다. '내가 이렇게 열심히 읽었었구나.' 스스로 대견하기도 하고 표시된 부분이 어디인지 살펴보며 내가 중요시했던 구절이나 생각들을 들여다볼 수도 있다. 이렇게 메모가 된 책들은 책장 앞에 선 채로 빠르게 한 번 더 읽을 수도 있다. 그러나 가끔 아무런 표시가 없는 새 책 같은 책을 발견하면 숨이 턱 막히는 느낌이 든다. 책을 사긴 했지만 눈으로 대충 읽었거나 나중에 읽으려고 미뤄두었던 책이다. 경험에 의하면 책을 사놓고 일주일이 지나면 잘 읽게 되지 않았다. 메모를 했어도 대충 읽은 책들이 있다. 생각이 전혀 적혀있지 않고 다시 들춰봐도 책의 내용이 잘 생각나지 않는 책들이다. 마음을 다해 읽지 않았다는 뜻이다. 나는 펜을 들고 책을 읽는 습관이 있다. 예전에는 색연필을 사용했는데 그러면 메모할 때마다 펜으로 바꾸느라 불편했다. 요즘은 펜 하나를 들고 책을 읽으며 좋은 글, 기억하고 싶은 문장은 무조건 밑줄 긋고 생각나는 것들도 바로 메모한다. 내가 혼자 생각하면서 떠올리는 아이디어보다 책을 읽다가 떠오르는 아이디어가 훨씬 많다. 그래서 메모하지 않으면 금방 잊게 되고 생각을 놓쳐버리는 경우가 생긴다.

어제는 남편과 TV를 보다가 〈EBS 초대석〉이란 프로그램을 보았다. 채널을 돌리다가 잠깐 보게 된 채널인데 현대인들의 정신 건강에 대한 이야기를 나누고 있었다. 일단 남편에게 채널을 고정하라고 이야기하고 곁에 있던 아무 종이나 집어 메모를 시작했다. 스트레스, 자존감, 중년의 눈물, 지친 현대인들에 대한 위로 등 많은 정보와 깨달음을 얻을 수 있는 시간이었다. 아침엔 그 메모를 노트에 옮겨 적었다. 메모하지 않았다면 오늘 아침 다 잊어버렸을 것이다. 소소한 습관, 작은 메모 하나가 큰 깨달음을 지속시킬 수 있다.

당신은 어떠한가? 마음대로 끄적거릴 수 있는 공간이 있는가. 회사에서 업무상 전화를 하다가 의미 없는 메모로 종이를 채운 적이 있는가? 나는 자주 그런다. 통화를 하면서 나오는 단어를 종이에 쓰고 동그라미도 그리고 틈틈이 낙서도 하고 중요한 내용도 적는다. 책을 읽으면서도 마찬가지다. 동그라미도 치고 별표도 친다. 마음에 남는 단어나 구절에 줄을 긋고 색을 칠하기도 한다. 생각나는 대로, 마음이 움직이는 대로 책의 여백에 메모를 시작해보자. 떠오르는 아이디어도 좋고, 현재 내 상황이나 감정도 좋다. 어떤 것이든 메모하고 생각을 기울이면 깨달음을 얻을 수 있다.

『대통령의 독서법』에서 김대중 전 대통령의 메모법이 눈에 띄었다. 그는 책을 읽다가 중요한 부분이 있으면 책의 여백이나 노트에 대차대조표를 그리듯 선을 그었다고 한다. 그리고 도표 한쪽에는 책의 내용을, 다른 쪽에는 자신의 의견과 해법을 적었다. 이는 자신의 생각이 다른 사람의 생각에 파묻혀 사라지는 것을 막기 위한 메모법이었다고 한다. 메모는 생각의 힘을 길러주며 글쓰기의 시작이 될 수 있다. 메모를 하며 배우고 느낀 것들에 살을 붙이면 글이 되는 것이다. 글은 많이 써봐야 잘 쓰게 된다는 것을 기억하자. 꾸준히 책을 읽으며 메모를 하면 긴 글을 쓸 수 있는 자신감도 갖게 된다.

> 어느 책에서나 최대의 것을 얻기 위해서는 행간에 숨은 뜻을 읽어야 한다. 그러나 나는 여러분에게 행간에 글을 써 넣으며 읽도록 권하고 싶다. 이렇게 하면 아마 가장 효과적인 독서를 하게 될 것이다. (중략) 그리고 당신 자신을 책의 일부로 하는 가장 좋은 방법은 책 속에 글을 적어 넣음으로써 이루어진다.
> ─모티어 애들러

책을 읽으며 독서 노트나 일기를 적어보자. 마음에 드는 글귀를

적고 마음을 건드리는 부분이 있다면 잠시 멈추고 생각해보는 시간
도 갖자. 나의 상황을 적고 나의 상황과 책의 내용이 어떻게 연결되
는지, 어떻게 적용할 수 있는지도 적어보자. 깨달은 것과 함께 구체
적으로 적용할 실천 사항도 적는다. 막연히 '다른 사람을 사랑하겠
다.'가 아니라 어떤 모습으로 노력하겠다고 적용해야 한다. '어려움
을 겪는 친구 **에게 오늘 위로의 전화를 한다.' 이렇게 말이다.

　책이 우리 삶의 세세한 부분까지 알려주지는 않는다. 세세한 실
천과 행동은 나의 몫이다. 만들어가는 것이 중요하다. 많은 독서법
책이나 자기계발서에서 중요하게 여기는 것이 바로 실천이다. '매번
똑같은 말 뿐이네, 실천이 중요한 걸 모르나. 시간도 없고...'라고 할
지도 모르겠다. 너무 식상한 것 같지만 그만큼 실천이 중요하기 때
문에 많이 거론되는 것이다. 아무리 많은 것을 배우고 지식과 경험
을 쌓는다 해도 그것을 온전히 내 것으로 만드는 것은 실천을 통해
서만 가능하다.

　작은 습관 하나만 바꿔도 삶이 달라지는 것을 경험할 수 있다.
모든 것이 연결되어 있기 때문이다. 작은 계획 중 하나라도 실천하
는 과정에서 '아 정말 효과가 있구나, 도움이 되는구나.'를 느껴야 더
실천하고 싶은 마음도 든다. 머리로만 아는 것은 아는 것이 아니다.
책을 읽으며 당연히 안다고 생각하는 사람들은 더 이상 발전하기 어
렵다. 나를 비우고 겸손하게 받아들이는 자세가 필요하다. 정말 실

천하고자 하는 의지가 있는지 스스로에게 물어보자. 우리 마음속에 실천하지 않겠다는 강한 의지가 숨어있을지도 모른다.

"오늘 저녁까지만 먹고 내일부터 다이어트 해야지."

"이번 한 번만 더하고 이제 게임 안 해."

이렇게 말하는 것은 지금 절실하게 중요하지 않다는 것이다. '다음에 하자.' 이 말이 더 강력한 동기 부여가 되므로 우리는 늘 그렇게 한다. 그러나 다음에 시작하겠다는 것은 곧 지금 실천하지 않겠다는 강력한 현재의 의지가 담겨있어서, '그 날'이 오면 우리는 다시 또 다음으로 미루게 된다. 이민규 저자의 『실행이 답이다』에는 모멘텀에 대한 내용이 나온다. 심리학에서는 행동 변화를 일으키는 계기를 모멘텀이라고 한다. 모멘텀을 만들기 위해 어려운 고전부터 읽기보다는 쉽고 재밌는 실용서나 소설부터 읽고, 무조건 1시간 운동한다는 목표보다는 자전거에 앉아서 TV 보기를 권한다. 그러다 보면 결국 자전거 페달을 밟게 된다는 것이다.

책을 읽으며 메모를 하자. 마음에 남기고 싶은 구절들을 메모하고 떠오르는 아이디어도 적자. 지금의 감정을 적어도 좋다. 그리고 깨달음을 얻었다면 지금 당장 자신의 삶 속에 적용해보자. 그리고 그것을 실천하는 일에 마음을 쏟아라. 너무 큰 계획을 세우면 실천하기 어렵다. 작은 목표부터 시작해야 한다. 더 이상 하지 못할 핑계를 찾는 데 시간을 낭비하지 말자. 꼭 해야만 하는 이유를 찾는 데 집중하자. 그리고 쉽고 작은 일부터 실천에 옮기자. 머지않아 생각대로 사는 당신의 모습을 만날 수 있을 것이다.

독자에서 저자가 되라

초등학교 시절 말하기·듣기, 읽기, 쓰기 과목이 있었다. 영어를 공부할 때도 Speaking, Listening, Reading, Writing을 배운다. '말하기, 듣기, 읽기, 쓰기' 이 네 가지의 공통점이 무엇일까? 바로 커뮤니케이션이다. 말하고 듣는 것은 상대와 직접 대화하는 것이고, 읽고 쓰는 것은 텍스트를 통해 대화하는 것이다. 읽는 것은 작가와, 쓰는 것은 나 자신과 대화하는 것이다. 따라서 언어를 배울 때 이 네 가지는 필수적이다.

열심히 책을 읽더라도 수동적으로 읽기만 해서는 나 자신에게 아무런 영향을 미치지 않는다. 질문하고 사고하고 깨달음을 적용하는 과정을 거쳐야 한다. 그리고 한 가지 더, 글을 써야 한다. 질문하고 생각했던 것들에 대해 답을 얻었다면 자신의 말로 적는 일이 필요하다. 책을 읽으면서 작가와 대화했다면 이제는 글을 쓰며 자신과 대화할 차례이다. 글을 쓰는 사람들이 위대한 이유는 자신의 지식과 생각을 일목요연하게 정리할 줄 아는 능력을 가졌기 때문이다. 해보면 알겠지만 결코 쉬운 일이 아니다. 글을 쓰는 것은 자신과 대화하는 것이라 했는데, 대체 어떤 글을 어떻게 써야 한단 말인가. 막상 글을 쓰려고 하면 대부분의 사람들이 멈칫하게 될 것이다. 나 역시 그랬다. 우리가 쉽게 글을 쓰지 못하는 이유는 무엇일까? 나는 그이유를 세 가지로 생각한다. 첫째, 무엇을 써야 할지 모른다. 둘째, 글쓰기에 대한 두려움을 가지고 있다. 셋째, 글 쓰는 방법을 모른다. 공감하는가?

응용화학을 전공한 나는 글을 쓸 일이 많지 않았다. 과학을 좋아하게 된 것도 이론과 결과가 명확했기 때문이었다. 일련의 계산 과정이나 이론을 따라가면 답을 찾을 수 있었다. 그러나 교양 수업은 달랐다. 대부분 리포트 과제가 있었다. 시험도 서술형으로 자신의 생각을 쓰는 문제가 많았다. 어떤 글을 써야 하나, 어떻게 내용을 풀어가야 하나, 내 생각을 어떻게 전달하나, 어떻게 시작할까 등 많은 걱정을 하며 시간을 보내곤 했다. 대학원에서 교육사회학 수업을 들을 때였다. 매시간 소논문을 읽고 리포트를 제출하는 과제가 있었다. 과제하느라 진땀을 뺐던 기억이 있다. '내 글을 읽고 웃으시면 어쩌나, 부끄러워서 어쩌나.' 하는 고민부터 '생각이 안 나는데 어떻게 쓸까, 글을 잘 못쓰는데 어쩌나…' 매번 이런 고민의 연속이었다. 글쓰기에 자신감이 없으니 두려움도 함께 커졌었다. 사회생활을 시작한 후에는 업무와 관련해 메일을 보낼 일이 많았다. 메일은 상대방에게 핵심을 잘 전달하되 분명하게 작성해야 했다. 보고서나 기획안도 마찬가지다. 결국은 글을 잘 쓰는 게 중요했다. 굳이 작가가 아니라도 글을 써야 하는 일은 참 많다.

글 쓰는 일을 하고 있다는 사실이 나는 아직도 신기하기만 하다. 혼자 끄적거리던 일기, 리포트와 논문 정도가 내 글쓰기의 전부였다. 글을 잘 쓰는 사람은 따로 있다고 생각했다. 글을 쓰는 일은 내겐 너무 두려운 일이었다. 글을 쓰지 않고 살 수 있었다면 글을 쓰는 일도 시작하지 않았으리라. 그러나 앞서 말한 것처럼 피할 수 없었다. 그래서 글쓰기를 배워야겠다고 생각했다. 책 읽기를 배우는 것처럼.

그렇게 글을 멀리하던 나도 지금은 작가가 되어 원고를 쓴다. 나는 글쓰기에 대한 불안감을 극복하고 싶었다. 글쓰기에 관한 책들을 읽으며 어떻게 글을 쓰는 것인지 배웠다. 글을 잘 쓰는 기술, 문장이나 단어의 표현도 배웠다. 그러나 가장 중요한 것은 직접 글을 써보는 것이었다. 글을 잘 쓰는 비결에 대한 조언을 살펴보면 한결같이

'일단 쓰라'는 말로 시작한다. 글을 잘 쓰는 비결은 없고, 반복적으로 쓰다보면 쓰게 된다고 말이다. 아무리 좋은 기술을 배운다 하더라도 글을 써보지 않으면 좋은 글을 쓸 수 없다. 나 역시 글을 쓰는 일이 즐겁지는 않았지만 그래도 시작해야만 했다. 그래서 하루에 한 가지 주제를 정해 내 마음대로 생각을 적었다. 그렇게 몇 달을 연습했더니 글쓰기에 대한 두려움이 사라졌고, 책을 써볼까 하는 자심감도 생겼다. 처음이 어렵지 시작만 하면 생각보다 쉽게 글을 쓸 수 있다. 결심과 노력만 있으면 누구든 가능하다.

『실행이 답이다』의 저자 이민규는, 소설가 앤 라모트의 "글을 쓰고 싶다면 무조건 컴퓨터 자판을 두드려라."는 조언을 인용하며 말도 안 되는 문장이 적힐 수도 있지만 그것은 전혀 문제되지 않는다고 말했다. 또한 죽이 되든 밥이 되든 그저 생각나는 대로 옮기다 보면 언젠가 자연스럽게 정말 쓰고 싶은 것을 쓸 수 있다고 말했다.

이 말에 100% 동감한다. 나도 처음 원고를 쓰기 시작했을 때 한글 화면에 깜빡이는 커서를 하염없이 바라보다 쓰고 지우고를 반복했다. 글의 전개나 논리, 재미를 따지다 보니 쉽게 쓸 수 없었다. 역시 생각나는 대로 무조건 쓰는 것이 방법이었다. 내용이 이상하고 앞뒤가 맞지 않는 것 같아도 쉬지 않고 그냥 썼다. 그렇게 쓰다 보니 어느 순간 자연스럽게 나의 생각을 쓸 수 있게 됐다.

위대한 작가가 되기는 정말 어려운 일이며 그럴 필요도 없다. 어렵고 복잡한 단어와 문장구조를 사용하기 위해서 애쓸 필요도 없다. 방대한 내용을 적어야 할 필요도 없다. 우리가 해야 하는 건 우리의 생각을 글로 표현하기만 하면 된다. 차분히 앉아서 생각을 정리하며 편지 쓰듯, 일기 쓰듯 글을 써 내려가면 된다. 쓰다 보면 더 많은 생각들이 떠오르고 생각이 정리된다. 친구에게 고민을 얘기하면서 스스로 답을 찾아갈 때가 있지 않은가? 마치 그것과 같다. 글을 쓰면 아무것도 없던 머릿속에 생각이 떠오르기도 하고 복잡했던 생각들이 정리가 되기도 한다. 격했던 감정이 가라앉기도 하고 차분했던 감정이 격해지기도 한다. 깊었던 고민도 나에게서 잠시 떨어뜨려 객관적인 시각으로 바라볼 수 있게 된다.

글을 쓰면 책을 읽으며 얻게 된 정보나 깨달음을 내 것으로 만들 수 있다는 가장 큰 장점이 있다. 책을 읽을 당시에는 다 기억하는 것 같지만 시간이 지나면 금방 잊어버리게 된다. 머릿속에만 남아 있는 것은 쉽게 망각의 대상이 된다. 그러나 내가 얻은 정보와 생각의 결과를 글로 적어두면 진짜 내 지식이 되고 진짜 나의 생각, 나의 깨달음이 된다.

나는 독서와 관련된 많은 책들을 읽었고 지식도 충분하다고 생각했다. 그러나 막상 글을 쓰려니 막막함뿐이었다. 다른 책들은 목차만 봐도 무슨 내용인지 알았으며 저자가 어떤 주장을 하려는지도 알 수 있었다. 그러나 나의 말로 내 생각을 글로 쓰려하니 무슨 말을 써야 할지 모르겠고, 어떻게 논리적으로 써야 하는지도 걱정이었다. 생각보다 어려운 일이었다. 당신이 책 한 권을 쓴다면 그만큼 탄탄한 지식과 생각이 뒷받침된다고 생각하면 된다.

꼭 책의 저자가 아니어도 좋다. 당신만의 노트도 좋고, 독서 노트, 일기도 좋다. 저자가 되어보자. 일단, 생각을 글로 풀어 쓰는 것이 중요하다. 글로 쓰기 어렵다면 먼저 말로 해보고 글로 써보자. 생각을 정리하는 연습이 부족해서 글쓰기가 어렵게 느껴질 수 있다. 우리는 자신의 생각을 쉽게 이야기 할 수 있는 문화나 교육 환경에서 자라지 못했기 때문에 더욱 어려울지도 모른다. 그러나 처음부터 다른 사람에게 보여주겠다는 마음으로 글을 쓸 필요는 없다. 마음의 짐을 버리고 시작해보자. 모든 일에는 연습이 필요한 법이다. 글쓰기도 연습으로부터 시작되고 완성된다. 부담을 가지지 말고 시작해보자. 그리고 반복적인 연습을 통해 자신감을 길러나가자. 완벽해질 필요는 없다. 반복하다 보면 어느새 습관처럼 쓰게 될 것이다. 수동적으로 읽던 독자에서 적극적으로 표현하는 저자가 되자.

독서가
곧
인생 기술이다

요즘은 자격증이 넘쳐나는 시대이다. 컴퓨터 관련 자격증, 음식 조리 관련 자격증, 직업상담사, 감정평가사, 공인중개사, 공인회계사, 원예기능사, 공인노무사, 사회복지사, 주택 관리사, 방과후지도사 등 그 종류와 기능만 해도 수백 가지에 이를 것이다. 독서지도사도 물론 있다. 독서 역시 배워야 하는 기술임에 틀림없다. 모든 기술에는 일반적인 규칙이 있다. 단순한 이론을 넘어 기술을 체득하고 몸에 익히는 것이 중요하다. 우리가 독서를 하는 이유는 독서를 통해 더 나은 사람이 되고자 하는 바람 때문이다. 누구나 어제보다 오늘, 오늘보다 더 나은 내일을 살고 싶어 한다. 독서는 그것을 가능하게 한다. 당장 자격증을 취득하는 것보다 더딜지는 몰라도 인생을 바뀌줄 힘을 가진 것이 바로 책이다. 체득된 독서 기술을 통해 배울 수 있는 것은 곧 인생에 대한 기술이기도 하다.

첫째, 독서하기 위해 필요한 목표와 전략은 우리 삶에도 반드시 필요하다. 목표 없는 독서는 푯대 없이 떠도는 돛단배와 같다. 이루고자 하는 목적을 두고, 세부적인 목표를 세운 후 방향을 맞춰 따라가야 한다. 항상 목표를 염두에 두고 올바른 곳으로 가고 있는지를 생각하며 확인해야 한다. 그래야만 방향이 틀어지지 않는다. 항상 순풍일 수는 없다. 바람이 불고 비가 오더라도 방향키를 놓쳐서는 안 된다. 우리 삶의 모든 순간에 목표와 방향을 잃지 않으려 노력해야 한다. 우리가 도달해야 할 근본적인 목적이 거기에 있기 때문이다. 목표는 우리의 성장을 위해서 꼭 필요한 동기가 된다.

전략 또한 필요하다. 자신의 위치를 정확히 파악하는 것이 선행되어야 하며, 어떻게 목표까지 도달할 수 있을지 구체적인 전략을 세워야 한다. 그래야 비를 피하고 바람을 맞으면서도 끝까지 여정을 멈추지 않고 목적지에 도달할 수 있다. 성공하는 사람들은 큰 목표를 작은 목표로 세분화한다. 실천 가능한 작은 목표를 달성하는 과정을 통해 큰 목표에 다다를 수 있다. 그리고 하루 한 가지씩 변화를 시도하며 실천해야 한다. 천 리 길도 한 걸음부터 시작해야 도달할 수 있다.

둘째, 자신만의 스타일이 필요하다. 독서와 같이 정신적 측면이 부각되는 기술은 개인의 성향과 기질에 따라 달라진다. 아무리 많은 독서법을 추천한다 해도 자신에게 맞는 것을 골라 적용하는 것은 개인에게 달렸다. 모두에게 효과적인 기술은 없다. 모든 사람들이 같은 방식으로 책을 읽을 수도 없고 그렇게 해서도 안 된다. 나의 성격과 성향에 맞게 내 것을 찾아가는 연습을 하면 된다. 자신에게 유익한 것을 찾아 읽는 것, 나를 성장시키고 성숙시키는 책을 고르는 안목도 필요하다. 무조건 따라하는 것은 의미가 없다. 독서도, 인생도 그렇다. 다른 사람을 모방하되 자신만의 스타일과 색깔을 드러낼 수 있어야 한다. 자신에게 더 적합한 것을 찾아야 한다. 그것이 더 유익하게 독서와 인생을 즐길 수 있는 방법이다.

셋째, 적극적인 행동과 실천이 필요하다. 책을 읽으며 마음에 드는 문장이나 구절을 소리 내어 읽어보거나 종이 위에 적어보자. 밑줄도 긋고 메모도 하고 생각도 남기며 적극적으로 읽어보자. 눈으로만 읽었을 때와는 다가오는 감동이나 느낌이 다를 것이다. 그리고 더 오래 기억될 것이다. 다른 사람의 문장이지만 책을 통해 내 것으로 만들 수 있다. 책을 다 읽은 후에는 서평도 적고, 다른 사람과 책에 대해서 이야기도 해보자. 독서 모임이나 토론 활동을 하는 것도 좋은 방법이다. 정말 감명 깊게 읽은 책이라면 저자에게 메일을 보내도 좋다. 내가 그랬던 것처럼 저자가 운영하는 카페에 가입도 하고 직접 배우러 가도 좋다. 어떤 것이든 적극적으로 실천해보자. 자신이 노력한 만큼 자신의 것으로 가져가게 된다. 같은 책을 읽더라도 어떤 사람은 무미건조하게 느끼지만, 어떤 사람은 미래를 볼 수도 있다. 얼마나 적극적으로 저자와 대화하며 책을 읽었느냐에 따라 우리 자신에게 미치는 영향이 달라진다. 주어진 정보를 수동적으로 소비하는 것에서 벗어나 자신만의 주관적 기준을 가지고 적극적이고 능동적으로 행동할 필요가 있다. 프랑스의 계몽주의 작가 볼테르는 아무리 유익한 서적일지라도 그 절반은 독자 자신에 의해서 만들어지는 것이라고 말했다. 책을 받아든 순간부터 독자인 내가 그 책의 절반을 만들어 가는 것이다. 우리의 삶도 적극적으로 살아야 함은 두말할 나위가 없다.

넷째, 간절함과 절박함이 사회의 필요와 만난다. 간절함은 성공을 이루는 동기가 된다. 자신의 필요를 간절하게 느낄 때에야 비로소 성공을 향해 달릴 준비가 된 것이다. 거기에 사회의 필요가 만난다면 그곳에서부터 자신의 소명을 발견할 수 있다. 나 혼자 살아갈 수 있는 시대는 지금껏 없었다. 나의 강점과 사회의 요구가 맞아떨어질 때 거기서부터 진짜 우리의 할 일이 시작된다. 당신의 필요가 무엇인지 곰곰이 생각해보라. 책을 읽는다는 것은 나의 지식과 경험을 풍성하게 할 뿐만 아니라 내면세계의 자아도 성숙하게 한다. 독서를 통해 얻은 지식과 지혜로 사회에 선한 영향력을 끼칠 수 있는 도전을 하자. 어느 것보다 유익할 것이며, 더 큰 성공과 보람을 가지게 될 것이다.

다섯째, 통찰력과 지혜가 필요하다. 어느 누구도 우리 삶을 정해주지 않는다. 이 길이 가장 좋은 길이니 이리로 가라고 등 떠밀고 책임져 주는 사람도 없다. 책이든 인생이든 제대로 보기 위해서는 통찰력과 지혜가 필요하다. 눈에 보이는 것을 보는 능력은 누구나 가졌다. 더 중요한 것은 보이지 않는 것을 볼 수 있는 안목, 사물을 꿰뚫어볼 수 있는 통찰력, 깊이 사고하고 슬기롭게 판단할 수 있는 지혜, 이것을 가지는 사람이 승리하는 사람이다. 탁월한 리더들은 늘 최고의 선택을 한다. 그들은 핵심을 꿰뚫어보는 통찰력과 혜안을 가졌기 때문이다. 꾸준한 독서와 깊이 있는 사색, 자기 성찰을 통해 통찰력과 지혜를 가질 수 있음을 기억하자.

여섯째, 시간 관리가 필수적이다. 많은 사람들이 시간을 잘 관리하지 못한다. 특히 직장인들에게는 시간이 없다는 것이 가장 위안이 되는 핑계이다. 시간을 주도적으로 사용하지 못하고 시간에 이끌려 살기 때문에 늘 시간이 부족하다고 느낀다. 누구에게나 남는 시간은 없다. 우리가 시간이 없어서 책을 읽지 못한다면, 시간이 남아도 책을 읽지 않을 것이다. 시간은 쪼개고 만들어 내는 것이 중요하다. 버려지는 시간들을 모아보면 생각보다 많다는 사실에 놀랄 것이다. 더 이상 시간이 부족하다는 핑계를 대지 말자. 시간이 부족한 것이 아니라 우리의 의지가 부족한 것일지 모른다. 인생에서 지나간 시간은 다시 오지 않는다. 지금 이 순간, 오늘을 후회 없이 사는 방법을 모색해 보자.

인간과 동물을 나누는 것은 지적 욕구와 생각하는 힘이다. 배움에 대한 욕구는 인간만이 가진다. 그러나 현대를 살아가는 우리는 인간으로서의 욕구를 얼마나 가지고 살아가는가? 하루 종일 바쁜 업무에, 복잡한 인간관계에, 걱정과 고민을 안고 쳇바퀴를 굴리며 사는 날들이 반복된다. 그러나 이 모든 게 나만의 문제는 아니다. 모두 같은 상황 속에 있지만, 내가 어떻게 살아가는지에 따라 삶이 달라진다. 지금껏 나의 생각과 선택에 따라 여기까지 왔고 결국 나의 미래도 내가 결정하게 된다.

워렌 버핏은 "위험은 자신이 무엇을 하는지 모르는 데서 온다."고 말했다. 당신은 지금 무엇을 하고 있는가? 우리가 조금이라도 달라져야 한다면, 당신이 조금이라도 달라지고 싶다면 책을 항상 곁에 두자. 매일 새로운 것을 배우려고 노력하자. 나 혼자의 생각보다는 이 길을 먼저 걸어간 사람들의 지혜를 듣는 것이 세월을 아끼는 인생의 지름길이 될 수 있다. 독서가 곧 인생의 기술이다.